Bajo el aro

Bajo el aro

Aprender del éxito y del fracaso

Pau Gasol

conecta

Papel certificado por el Forest Stewardship Council®

Primera edición: septiembre de 2018

© 2018, Pau Gasol
© 2018, Penguin Random House Grupo Editorial, S. A. U.
Travessera de Gràcia, 47-49. 08021 Barcelona

Printed in Spain – Impreso en España

ISBN: 978-84-16883-35-6
Depósito legal: B-10.834-2018

Compuesto en M. I. Maquetación, S. L.

Impreso en Black Print CPI Ibérica
Sant Andreu de la Barca (Barcelona)

CN 83356

Penguin
Random House
Grupo Editorial

*A mis padres Marisa y Agustí por los valores que
me habéis transmitido, y a mis hermanos Marc y
Adrià por hacerme sentir tan orgulloso de ser
vuestro hermano mayor...*

Índice

Quinta parte
Las claves del liderazgo SMART

Compartir lo aprendido

Es la tarde del 1 de septiembre de 2006 y estamos en Saitama, Japón. El país del silencio y la respiración. De los cerezos en flor, las cumbres nevadas y la meditación zen. Pero ahora, sin embargo, en el gigantesco estadio Saitama Super Arena, cerca de veinte mil gargantas se desgañitan alentando a su equipo. En español, a voz en grito, animando a España y a Argentina.

Es un momento apoteósico: el baloncesto español y el argentino se están jugando un lugar en la posteridad. Y el libro de la Historia se escribe cada segundo, con cada falta, cada error y cada triple. Es una batalla muy reñida, sin cuartel.

Empezamos muy mal el partido, con un 2–13 en el marcador. Los argentinos golpean primero. Y pedimos tiempo muerto. El equipo reacciona y remonta este comienzo adverso en el que Argentina lleva tres de tres en triples, en poco más de tres minutos jugados.

Por fin llega nuestro primer triple, casi al final del primer cuarto, de la mano de Jorge Garbajosa. A partir de entonces, la confianza y las buenas sensaciones que nos han acompañado durante todo el campeonato vuelven a nuestras manos; queda mucho por jugar. Aunque tenemos claro que Argentina luchará hasta el último segundo, no podemos dejar pasar esta oportunidad. Tenemos que ganar, es nuestro Mundial.

A solo cuatro minutos del el final, la cancha está tomada por unos defensas feroces e infatigables que no dan su brazo a torcer. Es uno de esos momentos por los que llevas trabajando «toda la vida» y en el que sientes que todas esas horas de duros entrenamientos tienen que dar su fruto.

Y solo habrá un equipo ganador.

Vamos cinco arriba, 69–64. Perdemos la posesión y Pablo Prigioni intenta recortar la distancia en el luminoso. Y luego Manu Ginóbili. Una vez, y otra. Los argentinos fallan dos tiros consecutivos, pero se hacen con el rebote ofensivo que les brinda la oportunidad de anotar. ¡No habrá un tercero! El siguiente es mío: capturo mi undécimo rebote entre manotazos y la zarpa de Andrés Nocioni, un jugador durísimo en defensa que nunca da un balón por perdido. Llega a destiempo y le cae la cuarta.

Veo ondear las banderas albicelestes y rojigualdas en el pabellón, con pasión.

Posesión importante. José Manuel Calderón sube la pelota. La bota, la esconde y se escora hacia el lado derecho del perímetro. Salgo del poste bajo para bloquearle y ¡falta en ataque! Mía. La cuarta. ¡La cuarta!

3:16 para el final. Tan cerca. Y tan lejos. Una más, una falta más y a casa. Pepu Hernández me mira desde el banquillo con una expresión de contención y sabiduría.

Es la cuarta y queda un mundo. Le digo al míster que no con la cabeza y que sí con la mirada. Rudy Fernández me reemplaza. Estrujo la toalla, aprieto con fuerza una botella y me siento en el banquillo. Las dos aficiones rugen en el Saitama Super Arena. El estruendo es ensordecedor. Este es uno de esos momentos que sueñas con vivir algún día, a un paso de jugar una final histórica, inédita, irrepetible… El sueño de nuestra vida. ¡¡Ganar un Mundial!! El preámbulo de una final en un pabellón abarrotado, dos aficiones, dos países volcados con su equipo.

Argentina se viene arriba. Defensa, defensa, defensa. No les cedemos ni un centímetro. Pasan los segundos. No encuentran opciones de tiro. No les dejamos respirar. La posesión toca a su fin. Y entonces Luis Scola asiste a Ginóbili, que consigue meter un triple imposible. 69–67. Las bufandas albicelestes forman hélices en el cielo del pabellón. La hinchada se crece. El líder del equipo ha asumido la responsabilidad. No le tiembla la muñeca. Ni el pulso. Cuatro de siete en triples. Estrujo la toalla aún con más fuerza. «¡Vamos, chavales! ¡Venga, equipo!» Subimos la pelota deprisa y Juan Carlos Navarro conecta con Carlos Jiménez, que se aproxima a la zona intentando la penetración a canasta después de fintar el tiro, pero Scola le defiende bien... Y... ¡falta!... ¡en ataque!

«Vamos, chavales. ¡Arriba!» 2:37. Desde que he salido de la pista no he podido sentarme, no quiero sentarme; quiero volver a entrar y miro al míster. Y el míster me mira.

Una mirada. «¡Adentro, Pau!»

Ha llegado el momento de la verdad. Y vuelvo a meterme en el ojo del huracán. Hace cuatro años, en Memphis, me tachaban de débil. Luego me eligieron Rookie del Año. A la siguiente temporada insinuaron que me faltaba carácter, y nos metimos en los *playoffs* por primera vez en la historia de la franquicia. La historia.

Ginóbili la sube con determinación. Si la cosa va de líderes, él es uno de los de verdad. Finta, se revuelve, media vuelta, se eleva, busca el tablero. ¡Y falla! Rebote nuestro y Ginóbili se abalanza y comete su cuarta falta.

Recuperamos la posesión. Juan Carlos asume el liderazgo. La pelota roza el aro y acaba entrando. ¡Sí! ¡71–67! El equipo argentino vuelve a la carga. Ginóbili lo intenta de nuevo desde los siete metros. ¡Se le va! Un fallo atípico. La tensión, el ruido, la fiebre. ¡Ya queda menos!

1:50 para el final, cuatro arriba y una posesión para la historia. Ahora sí. Ahora ya no hay margen para el error. José Manuel la sube. Vamos arriba. Garbajosa sale del poste bajo. Recibe y conecta con José Manuel en el perímetro. Juan Carlos la bota y protege el balón bajo una enorme presión de su defensor. Yo se la pido desde el poste bajo. 1:40. Es esta. Lo sé. Esta es la posesión. Tengo a Fabricio Oberto pegado a la espalda. Es esta. Si anotamos ahora estamos en la final. Siento que ha llegado el momento. Es mi turno; no puedo fallar. Se la pido a Juan Carlos. Toda la vida juntos. Cada vez más cerca. Me la pasa. De espaldas a canasta. Sé cómo hacerlo. Lo he hecho mil veces. Su aliento, el aliento de Oberto en mi nuca. Tengo que meterme hacia canasta y asestar el golpe definitivo. Hago un reverso hacia la línea de fondo para acabar con mi mano derecha al otro lado del aro, estoy a punto de rebasar a Fabricio cuando noto un fuerte dolor en el pie. ¡No! ¡Me acabo de romper! Afortunadamente el árbitro pita falta. Me voy al suelo y me agarro el pie. Lo sé. En ese mismo instante sé que no jugaré la final. Y sé que llegaremos. Y que la ganaremos. Solo tengo que meter los dos tiros libres. Con el pie roto dentro de la zapatilla. Abatido, pero nunca derrotado. Son los tiros libres más importantes de mi vida, de nuestra historia. Nadie dijo que fuera fácil alcanzar tu sueño. Y yo digo que el objetivo es mucho más grande que mi dolor. Pero soy el líder y esto supone una responsabilidad. Pese al terrible dolor, no puedo sentarme, tengo que lanzar esos dos tiros libres. 1:36. Uno dentro. Miro al banquillo y les digo que no puedo continuar; después del segundo pediré el cambio, pero antes tengo que meterlo, y sé que lo lograré. ¡Y dos! Cojeando y llorando, dejo la pista. Confío con todo mi corazón en mis compañeros para que rematen el partido.

Después de anotar los dos lanzamientos desde la línea de tiros libres con el quinto metacarpiano del pie izquierdo roto, vivo en el banquillo los noventa segundos más largos de mi carrera deportiva. Vamos uno arriba, última posesión del partido, el balón en las manos de Ginóbili, Juan Carlos le defiende, Manu penetra, le cerramos muy bien el intento de anotar, pero encuentra a Nocioni, el Chapu, en la esquina derecha completamente solo. En sus manos está el triple que puede cambiar nuestra suerte y la historia del baloncesto español. Pero, por fortuna, el tiro sale un poco largo y falla. Cogemos el rebote y se acabó.

Ganamos a Argentina, la campeona olímpica en aquel momento, por 75 a 74.

Aquel día, en Japón, fuimos los mejores, los de la «generación de oro». Fue el triunfo de una historia de ilusión, esfuerzo, unidad y humildad. Aquella victoria no fue casual, sino el fruto de muchos veranos compitiendo juntos, de un equipo que había aprendido de los errores en los campeonatos anteriores, de unos jugadores que, gracias a las adversidades vividas, habían crecido y madurado juntos.

El 3 de septiembre de 2006, a las dos de la tarde, completé uno de los partidos más importantes de mi vida. En la final del Campeonato Mundial de Baloncesto, frente a Grecia, no anoté ningún punto. No hice ningún tapón ni cogí ningún rebote. Aquel día jugué desde el banquillo sin ni siquiera poder poner el pie izquierdo en el suelo. Eso sí, aun con muletas, di todo mi apoyo moral y emocional a mis compañeros. Aquel 3 de septiembre, la Selección española de baloncesto, con toda su fortaleza, saltó al parquet del Saitama Super Arena rumbo a la primera medalla de oro de su vida en un campeonato sénior. Del mundo. Sería la primera de muchas de una gloria trabajada y liderada por la fuerza de un grupo que ese día salió a la pista con una emotiva frase inscrita en sus camisetas. Un mensaje que transmitía el compañerismo y la unidad del equipo: «Pau también juega». Qué grandes. Y qué gran entrenador, Pepu Hernández. Una leyenda de nuestro deporte. Su padre falleció horas antes de la final del Mundial, pero entendiendo el momento en el que nos encontrábamos y lo que estábamos a punto de vivir, tomó la decisión de no compartir la devastadora noticia para no alterar nuestra concentración antes de la gran final. Grande, Pepu.

Aquel día fui elegido MVP (jugador más valioso) del campeonato. Aquel día cortamos las redes de las canastas con una cinta en la frente y escribimos la página más hermosa de nuestra vida. Y de nuestra historia. Hasta entonces. Como un verdadero equipo. Como una auténtica familia. Nuestra madurez y preparación mental, y las derrotas vividas en los campeonatos anteriores —como cuando en 2002 nos eliminaron en Indianápolis en los cuartos de final en el Mundial, o en 2003 cuando perdimos la final del Europeo en Suecia, o esa derrota en los Juegos Olímpicos de Atenas de 2004 cuando quedamos eliminados en cuartos de final contra Estados Unidos—, nos ayudaron a conseguir aquella medalla de oro. La experiencia de todos los años anteriores fue la clave para el triunfo en el Mundial de 2006 y para los que vendrían después.

Desde las vivencias acumuladas a lo largo de mi carrera deportiva, bajo el aro, abordo ahora la escritura de este libro en el que deseo compartir los valores y principios que me han ayudado a recorrer este camino.

He expuesto algunas de estas reflexiones en charlas y conferencias, pero el deseo de hacerlas llegar a un público más amplio (desde los jóvenes, a los que mi ejemplo os puede inspirar, hasta aquellos profesionales y emprendedores que podáis hallar en ellas pensamientos que trasladar a vuestras propias actividades) me ha animado a explicarlas en el libro que ahora tenéis en vuestras manos. Porque una de las cosas más gratificantes es compartir lo aprendido con quien esté dispuesto a escuchar, con la esperanza de que le pueda servir en su propio viaje.

PRIMERA PARTE

El talento

1

¿Qué es el talento?

De pequeño practiqué natación, baloncesto, fútbol, kárate, hockey, balonmano… Tuve la suerte de ir a una escuela donde el deporte era una parte importante del programa escolar, entendido como una herramienta clave para la educación y el desarrollo del alumnado. Mis padres querían que probara distintas opciones para así descubrir si en alguna de ellas encontraría mi pasión. También estudié solfeo y piano, por lo cual estoy muy agradecido ya que, sin duda, ha tenido mucho que ver en mi aprecio por el mundo de la música. Para mi madre la formación intelectual era una prioridad. Era importante que conociéramos distintas realidades. Y supongo que lo que ella y mi padre nos enseñaron fue a distinguir mejor lo que queríamos de lo que no. Rápidamente identifiqué mi pasión: el baloncesto. Aprendía rápido y tenía buena coordinación y visión de juego, lo cual me daba libertad y capacidad de adaptación frente a lo que sucedía en la pista. Y decidí perseguir mi sueño. Sabía que tenía talento y, a medida que subía de nivel y avanzaba en mi corta «carrera», me di cuenta de que si no trabajaba no llegaría a lo más alto. Y yo quería llegar a lo más alto.

Para alcanzar mi máximo potencial tenía que trabajar, dedicar muchas horas a entrenar. Entendí que sería un proceso largo y duro pero, como era mi pasión, el esfuerzo valdría la pena. No hay nada tan reconfortante como poder desarrollar tu propio potencial y hacerlo de manera apasionada.

Tuve claro que quería perseguir mi sueño, sabía que nadie me iba a regalar nada, y si quería conseguir algo importante tendría que ganármelo a base de trabajo y esfuerzo, no me iba a caer del cielo. Por mucho talento que poseas, esto has de tenerlo siempre presente. Por suerte, tuve entrenadores que supieron ver mi potencial, a la vez que me hicieron trabajar y darme cuenta de la dificultad del camino hasta la meta que me había marcado.

El apoyo incondicional de mi familia siempre fue clave para poder desarrollar mi talento. He sido muy afortunado de tener una familia que ha sabido educarme y transmitirme unos valores que han sido claves en mi trayectoria, como la humildad y la capacidad de superación. Mi madre, tras largas jornadas en el ambulatorio ejerciendo como doctora, al llegar a casa nos preparaba la cena; mi padre, cuando podía, venía a buscarnos a Marc y a mí a los entrenamientos después del trabajo. Cuando eres pequeño y ves que tus padres se desviven por ti, sin quejarse, luego tú quieres devolverles todo aquello que te han dado. El ambiente en el que crecí y los valores que me inculcaron en casa han tenido una enorme influencia en la persona que soy.

Sin lugar a dudas, «talento» es una de las palabras que más se escuchan en el mundo del deporte de élite. El talento es siempre algo personal, intransferible. No es algo que se elija, se busque o se persiga; sencillamente naces con él, como si fuera un diamante en bruto. Hay muchas personas con grandes dotes y talento en este mundo, con capacidades particulares que les permiten destacar en su profesión. Pero la gran mayoría de los que tienen un talento especial no son tan conocidos como lo son los deportistas de élite.

En el caso de los deportistas profesionales, el talento es algo que se da por supuesto. Como decía uno de mis entrenadores en la NBA: «Todos los que estáis aquí tenéis un talento especial, de lo contrario no estaríais en esta liga».

El público los ve por la televisión, contempla sus gestas, se pregunta cómo son capaces de hacer lo que hacen. Y también hay quien piensa que se trata de un don natural, de una habilidad que tan solo tienen que activar, como si accionaran el mecanismo del talento cada vez que saltan a la cancha. Obviamente no funciona así. El hecho de que reconozcamos que el talento es necesario para destacar en cualquier ámbito no significa que baste por sí solo. Lo que sí podrá demostrar siempre cualquier deportista de élite es que ha trabajado muy duro para llegar a donde está. Y eso, en cierto modo, es ya un talento en sí mismo.

Por otro lado, también los hay que, desafortunadamente, no llegan a desarrollar su potencial por distintas razones. Puede que sean personas que se encuentran en situaciones de vulnerabilidad, adversidad o cuyas circunstancias vitales no se lo permitan. También es posible que ni siquiera sean conscientes del potencial que atesoran, porque nunca se han planteado que pudiera existir y, en consecuencia, no lo han trabajado. Sé de lo que hablo. Precisamente una de mis inquietudes es facilitar a niños y niñas los medios para que puedan desarrollar su potencial, proporcionándoles recursos y oportunidades. Porque si hablamos de talento hay que hablar también de posibilidades para desarrollarlo.

En mi caso, mi familia me inculcó unos valores que nunca me abandonarán. Tengo muy claro que, sin su entusiasmo y su devoción, mi talento hubiera crecido de manera distinta, sobre todo porque cuando eres pequeño nunca piensas en si tienes talento o no. Pero el caso es que yo descubrí el mío, y gracias a ello puedo disfrutar de una vida llena de satisfacción, ya que además de gustarme ser jugador de baloncesto, tengo la gran suerte de poder transmitir mis conocimientos, con el deporte como uno de mis grandes maestros.

Precisamente esa fue una de las razones que me impulsaron a crear, junto con mi hermano Marc, la Gasol Foundation. Nuestro propósito es reducir las cifras de obesidad infantil, una epidemia que afecta a 42 millones de niños en todo el mundo y que, según la Organización Mundial de la Salud, alcanzará los 70 millones en 2025. Queremos concienciar, visibilizar entre la población este grave problema de salud y proporcionar iniciativas y herramientas para erradicarla siguiendo nuestro lema «Cero obesidad infantil». Nuestros programas se basan en cuatro pilares: la promoción de la actividad física, la alimentación saludable, el descanso y el bienestar emocional no solo de los niños, sino de sus familias. Sabemos que el reto es ambicioso, pero estamos convencidos de que coordinándonos con los agentes clave de cada territorio lograremos que todos los niños y niñas alcancen la edad adulta física y mentalmente preparados para llevar una vida plena, sana y llena de oportunidades.

Mi papel como Embajador de Buena Voluntad de UNICEF también va en esa dirección, y me ha descubierto la magnitud de las carencias bajo las que viven millones de niños y niñas en todo el mundo. En Etiopía, Bolivia o Bangladés algunos llegan a la adolescencia, si llegan, demasiado castigados física y emocionalmente para poder desarrollar su potencial y perseguir su sueño profesional. Es una injusticia clamorosa. Sucede lo mismo con los cientos de miles de niños que trabajan como adultos en condiciones infrahumanas en todos los rincones del planeta. ¿Os imagináis cuántas estrellas del baloncesto, el atletismo, la medicina o la investigación podrían salir de esa población infantil?

Si todos esos niños tuvieran las oportunidades que tuve yo, es muy posible que a día de hoy más de uno estuviera poniéndome tapones en la NBA. El auténtico drama es que si uno no tiene un mínimo de circunstancias a su favor ni nadie que le motive o le ayude a mejorar, entonces es muy probable que las puertas de sus sueños se le cierren sin descubrir lo que podría haber sido. Una vez que el acceso a una buena educación esté garantizado, ese talento innato brotará. Claro que, si nadie lo estimula, allí se quedará, como una semilla olvidada. El talento no es más que una habilidad especial que tiene una persona para desarrollar una actividad; todo el mundo lo tiene. Lo fascinante es saber reconocer cuál es el tuyo y, una vez identificado, desarrollarlo, nutrirlo y cuidarlo a lo largo de nuestra vida.

2

Los superhéroes no existen

El talento es un arma de doble filo: puede beneficiarte, pero también destruirte. He visto a personas maltratadas por su talento y a personas que lo han hecho crecer hasta alcanzar cumbres insospechadas. El talento será, en muchas ocasiones, lo que defina el recorrido profesional de una persona. Así pues, se trata de algo muy importante, pero es tan poderoso como potencialmente peligroso, porque a veces el talento puede ser el camino más directo hacia el fracaso.

Tener un poder no significa saber cómo administrarlo. Puede ocurrir que el poder te seduzca, que cuando los halagos se convierten en el pan de cada día se te nublen los sentidos. Pero lo más probable es que, por sí solo, el talento no te sirva de nada. Tampoco te mantendrá en la cumbre cuando la alcances. Entonces, cuando estés en lo más alto, te harán falta otras cualidades para quedarte ahí. Supongo que lo habréis escuchado alguna vez, pero no me canso de repetirlo: lo difícil no es llegar sino mantenerse. Y mantenerse, creedme, requiere compromiso, esfuerzo, trabajo… creo que sabéis a lo que me refiero. Es muy habitual escuchar la frase «Tiene mucho talento» referida a niños a quienes se les da bien tocar algún instrumento musical o que destacan en algún deporte. Y muchos corren el riesgo de caer en la trampa de creer que será el talento el que terminará por abrirles las puertas cuando en realidad serán su actitud, su carácter sus valores los que les permitan alcanzar el éxito. Yo siempre he defendido vivir el presente, trabajar día a día, y creo que no existe mejor manera de gestionar tus aptitudes. Si no lo trabajas con diligencia, si no te esfuerzas en cada ocasión que tengas, el talento no se desarrollará, por mucho que los demás se empeñen en asegurar que es lo que se precisa para llegar a lo más alto. La dedicación y el esfuerzo son tanto o más importantes que el propio talento. Os puedo hablar de Kobe Bryant, de su deseo de ser el número uno, de su inagotable capacidad de trabajo, de su tremenda disciplina, de su mentalidad Mamba, de su incuestionable espíritu ganador, de su competitividad inigualable. Su habilidad era jugar al baloncesto, pero todas esas cualidades le permitieron ser uno de los mejores de la historia.

De la misma manera que no es oro todo lo que reluce, tampoco es talento todo lo que brilla. Saber apreciar las cosas por su valor, y no por el resplandor que desprenden, indica que has aprendido a mirarlas. Los diamantes no siempre brillan, al contrario: un diamante es una piedra opaca que muy poca gente sabe identificar. Y obtener el diamante de esa piedra exige una destreza proverbial. Se necesitará una precisión quirúrgica y una fuerza colosal para tallarla. Es el proceso que conocemos como «pulir un diamante en bruto». Y este es el verdadero camino del talento, el que va de la roca oscura a la piedra preciosa. Y también es el único camino por el que discurre el sacrificio, que sería algo parecido al reverso del talento, a la fuerza que se precisa para su desarrollo y crecimiento.

Siempre fui de los más altos de la clase, y cuando llegué a la adolescencia mi altura sobrepasaba con creces la media. Era objeto de miradas constantes, bromas (a veces de mal gusto) y risas entre los más descarados. Mucha gente me decía: «Con esa altura, vas a ser jugador de baloncesto», como si mi físico me destinara a ello, cuando yo aún no había tomado esa decisión. De hecho, hay muchas personas con una estatura inferior a la mía que se dedican con éxito al baloncesto y otras tan altas como yo que han optado por otras carreras profesionales. Con el tiempo aprendí que aquello que me hacía diferente, algo que puede crear complejo en ciertos momentos de nuestra juventud, en realidad era un regalo y me ha permitido desarrollar mi autoestima. Naturalmente todos aprovechamos nuestras cualidades y jugamos las cartas que tenemos en la mano, y es obvio que la altura ha tenido un papel importante en el éxito de mi carrera como jugador de baloncesto, pero igualmente capitales han sido otros aspectos, como la preparación física y mental o la capacidad de analizar el juego.

El talento, cuando se educa bien, puede convertirse justamente en eso: en el bastión de tu fortaleza. Por el contrario, ser exagerado o dramático y alardear de tus virtudes es algo que puede volverse en tu contra. Y cuando has llegado a cumplir tu sueño, o algunos de tus sueños, es muy fácil descubrirte en situaciones en las que te hacen sentir que eres algo parecido a un Dios, alguien imprescindible, una especie de superhéroe.

Pero los superhéroes no existen. Ni tan siquiera Mozart fue un superhéroe. Todo el mundo alaba la magnitud del genio de Salzburgo y lo temprano que se manifestó. De Mozart se decía que empezó a escribir música a los seis años. Otra mentira. Así lo cuenta Malcolm Gladwell en

Fuera de serie, un libro fascinante y muy recomendable, en el que el escritor derriba varios mitos sobre el papel del talento. Explica, por ejemplo, que los primeros trabajos de Mozart estaban lejos de ser brillantes. Es más, sus primeras partituras probablemente fueron escritas por su padre. Y, si atendemos a la opinión de los expertos, no compuso ninguna partitura genial hasta los veintiún años. Claro que la clave de toda esta historia la aporta Gladwell. ¿Sabéis cuántas horas se había pasado el joven Mozart delante de un piano cuando tenía veintiún años? ¡Diez mil, nada más y nada menos!

Gladwell analiza otros casos muy interesantes, como el de los Beatles, el de Bill Gates o el de los campeones indiscutibles del hockey sobre hielo en Canadá. En todos se investiga el tiempo que cada genio ha invertido en su talento hasta concluir que todo el que destine diez mil horas a su formación profesional será un auténtico *crack* en su campo. Diez mil horas. Haced vuestros cálculos. O mejor, ya los hago yo: el equivalente a 416 días sin dormir y 16 horas.

La moraleja es que los genios no nacen, sino que se hacen. Lo más importante para que surja el talento es la dedicación y la constancia. Y eso se traduce en horas. En la NBA, un jugador de un equipo que no alcanza los *playoffs* jugará ochenta y dos partidos al año, sin contar los de pretemporada. Pero el jugador que llegue a disputar la final, privilegio que he tenido la suerte de experimentar en tres ocasiones, puede acabar jugando más de cien partidos en una temporada. Estoy seguro de que en algún momento de mi carrera he superado las diez mil horas que Gladwell sugería para llegar a ser un maestro en mi profesión.

Yo crecí viendo jugar a Michael Jordan. Era mi ídolo absoluto. No ha habido nadie como él. Y mucho menos jugando en España o en Europa. La NBA era una galaxia aparte, una liga en la que jugaban tipos que en una cancha de baloncesto hacían cosas que nunca había visto hacer a nadie. Cuando era pequeño, jamás se me pasó por la cabeza que un día podría jugar allí. Y menos aún que lograría ganar dos anillos. O que alcanzaría las diecisiete temporadas en la mejor liga del mundo. Luego descubres que la NBA no es el principio sino el colofón en la carrera de un baloncestista. Después de pasarse los años de instituto jugando sin parar en equipos modestos, Jordan terminó sus estudios en 1981. No era un estudiante brillante, pero era un jugador de baloncesto superdotado. Aquel año, previo al arranque de su andadura universitaria, no tuvo que hacer la prueba de acceso porque cinco universidades llamaron a su puerta para que se matriculara en ellas. Eligió Carolina del Norte por ser la que le quedaba más cerca de casa. Jordan jugó durante tres temporadas en la NCAA, la liga universitaria americana. En aquel tiempo, entrenó al máximo nivel y comenzó la carrera de Geografía, que terminaría completando. Y lo que es más importante: jugó sin parar. Horas. Muchísimas horas.

Y aprovecho para hacer un inciso sobre un aspecto que siempre me ha llamado la atención. No existe otro país en el mundo que haya entendido la importancia de fomentar el deporte a nivel universitario como Estados Unidos. En España, sin ir más lejos, es realmente complicado que los deportistas profesionales compaginen la universidad con su actividad deportiva, por lo que te ves forzado a escoger entre tu formación académica y tu deseo de dedicarte al deporte que amas. Esa es una de las cosas que me encantaría impulsar algún día. En un estudio realizado por la propia NCAA, solo el 1,2 por ciento de los jugadores universitarios llega a jugar en la NBA, lo que significa que un aplastante porcentaje de jugadores que sueñan con convertirse en profesionales del baloncesto van a tener que encontrar otra forma de ganarse la vida.

3

Cómo desarrollar el talento

Cuando uno invierte muchas horas en una determinada actividad, su habilidad para llevarla a cabo sale muy beneficiada. También es verdad que cuando uno dedica muchas horas a una sola cosa, deja de invertir muchas horas en otras que desearía hacer o que disfruta haciendo. Y eso es lo que denominamos «sacrificio». Sin el sacrificio necesario no podremos averiguar hasta dónde nos puede llevar nuestro talento, y sacrificarse significa trabajar muy duro para conseguir tu objetivo. La presión a la que está sometido cualquier deportista de élite es extraordinaria, y son muy pocos los que llegan a la cumbre. El talento, sin una preparación intensa, no basta para triunfar, tanto a nivel físico como a nivel mental. La vida es una suma de momentos y decisiones que tomamos mientras vamos recorriendo nuestro camino. Por ejemplo, cuando era adolescente prefería quedarme en casa estudiando o descansando para el siguiente entrenamiento, o para el próximo partido, en vez de salir a tomar algo o irme de viaje con mis amigos los fines de semana. Desde los dieciséis años, con excepción de tres por lesión, todos los veranos los he dedicado a jugar con mis compañeros de selección. Aunque haya quien pueda considerar estos hechos como sacrificios, y quizá en parte lo sean, para mí han sido decisiones alineadas con el deporte que amo, con mi pasión, con mi talento y, cuando tienes la suerte de dedicarte a algo con lo que de verdad disfrutas, deja de ser un sacrificio.

Otro de mis sueños era estudiar Medicina, el ámbito profesional del que provienen mi padre y mi madre. En 1999 empecé mis estudios, el mismo año en que debuté en el FC Barcelona. Sin embargo, llegó un momento de mi formación como jugador en el que varios de mis entrenadores tuvieron claro que apuntaba maneras. Fui afortunado y tuve grandes entrenadores: el primero cuando llegué al Barça con dieciséis años fue Juan Llaneza. Su dureza y su disciplina me ayudaron a crecer. Los años siguientes fueron cruciales para mi desarrollo, y ahí Juan Montes, Quim Costa y Aíto García Reneses fueron fundamentales para dar el salto definitivo. A base de trabajo, de entrenamientos individuales a primera hora de la mañana o a última de la tarde, me enseñaron que, si quería llegar a lo más alto, no había otra manera, debía trabajar como el que más. Dejar mis estudios supuso un sacrificio, ya que tuve que renunciar a otro de mis sueños: ser médico.

No fue una decisión fácil, aunque sabía que era la decisión correcta en aquel momento. Quería convertirme en jugador de baloncesto profesional y solo había una forma de averiguar si era posible: poniendo los cinco sentidos, entregándome en cuerpo y alma a ese gran reto. Sabía que tenía talento porque el baloncesto se me daba bien, pero aún me quedaba mucho por demostrar. Tenía las condiciones para conseguirlo pero, por mucho potencial que tuviera, si no me esforzaba de verdad nunca lograría mi objetivo.

Algunos sueños se fraguan temprano. Y los míos, el sueño de ser médico y el sueño de ser jugador de baloncesto, se forjaron muy pronto y juntos. Ambos fueron alimentados por la pasión que me transmitieron mis padres. Elegir el baloncesto fue una decisión complicada, y soy consciente de que, si mis padres no hubiesen sido amantes del deporte, posiblemente mi vida hubiera sido muy distinta. De hecho, a mi madre le dolió que dejara la carrera de Medicina. Tanto para mí como para ella, y para el resto de la familia, fue un momento muy difícil, ya que desde bien pequeños nos habían inculcado el enorme valor de los estudios y de nuestra educación. Imagino que, si no me hubiera ganado la vida con el baloncesto, me habría volcado de lleno en mi carrera como médico.

Otro gran momento de mi vida en el que mi familia me apoyó incondicionalmente fue cuando me marché a jugar en la NBA. Tenía veintiún años y tomé la decisión de ir a Estados Unidos a cumplir mi sueño. Para muchos me iba «a la aventura», porque por entonces había gente que dudaba de mis posibilidades de triunfar. Al fin y al cabo, era el segundo español, después de Fernando Martín, que probaba suerte en la mejor liga de baloncesto del mundo. Pero si hablamos de sacrificio, ese fue el que hicieron mis padres y mis hermanos cuando decidieron acompañarme al continente americano y poner sus carreras profesionales en pausa. Mantener la familia unida era lo más importante, y eso me dio una gran estabilidad. Mis hermanos dejaron atrás su colegio, sus amigos y su casa para ir a otro país, donde se hablaba un idioma que desconocían por completo. Fue una muestra de unión y fortaleza que siempre nos ha acompañado y siempre nos acompañará. Fue un mensaje que he tenido presente a lo largo de mi carrera y que recordaré el resto de mi vida. Vivía un momento de cambio, de riesgo, de presión, de responsabilidad, y cuando volvía a casa de jugar, de entrenar o de viaje, estaban todos allí, como si estuviésemos en Sant Boi. Y eso fue fundamental para que me adaptara mucho más rápido, pudiera concentrarme en el baloncesto y diera lo mejor de mí desde el comienzo.

A día de hoy sigo siendo el único extranjero criado fuera de Estados Unidos que ha ganado el galardón de Novato del Año. Gracias, familia.

4

Los valores del equipo

La carrera del deportista de élite está llena de altos y bajos. Las victorias y las derrotas, los elogios y las críticas, encontrarte en buena forma y de golpe lesionarte y no poder ayudar a tu equipo en la pista. El tiempo que le dedicamos a nuestra profesión es casi absoluto. Y en ese sentido, no existe mejor escuela que el trabajo en equipo. El equipo es la unión, la fuerza y la universidad del deportista profesional. Y es lo más parecido que tendrás a una familia si estás lejos de la tuya, sobre todo cuando eres muy joven. Y un deportista de élite casi siempre es joven. Yo ya soy un veterano, he rebasado de largo la media de edad a la que suele retirarse un jugador de baloncesto. Y eso para mí es un síntoma. Un síntoma sensacional de que he aprendido a adaptarme a los equipos, a sus filosofías y a su variedad. Sin duda, la longevidad es motivo de orgullo, y el saber ajustarte a nuevas situaciones y manejar el cambio de manera exitosa marca la diferencia, especialmente en la NBA, donde es raro que un jugador pase más de cinco temporadas y, a menudo, cambia de equipo una temporada sí y otra también. Después de mis primeras trece temporadas, divididas por igual entre los Grizzlies y los Lakers, los últimos cuatro años los he jugado con los Bulls y los Spurs, y he sabido adaptarme, a veces no sin dificultad, a las distintas situaciones. Y sigo plantando cara como el primer día, con la misma ilusión y ganas de disfrutar.

Cuando juegas en equipo, tu talento y tus fundamentos técnicos no son más que eso: habilidad y buenos fundamentos. El talento individual es importante siempre y cuando seas capaz de adaptarte y ponerlo a disposición de tu equipo. Hasta el punto de que es más importante la capacidad de adaptar tus habilidades a las necesidades del equipo que ser un jugador habilidoso. No todos los jugadores pueden jugar treinta minutos, o meter veinte puntos por partido, tienes que reconocer qué es lo que necesita el equipo de ti, anteponiendo muchas veces el interés del equipo al tuyo. Eso conlleva un esfuerzo personal y mucho trabajo a nivel mental, y establecer una buena línea de comunicación con tus entrenadores y tus compañeros para tener claro tu rol. El objetivo no es tu lucimiento, sino el bien del equipo. Si creces como persona siendo humilde, tu talento como profesional siempre se verá fortalecido. Me he encontrado varias veces a lo largo de mi carrera descubriendo cualidades que desconocía, valores que he ido absorbiendo y que me han hecho ser quien soy. La disciplina, la perseverancia y la comunicación son de los más importantes, aunque no los únicos.

Es curioso descubrir que muchos de los valores que he fortalecido siendo ya un profesional curtido los había aprendido con mis primeros equipos: el compañerismo, la humildad, la entrega. Los mismos valores en los que me educaron mis padres y que me han acompañado toda la vida. Esos valores que me han llevado a conquistar mis anillos de la NBA o las medallas con la Selección española, ya estaban presentes en mi casa y en las pistas de Sant Boi. Y en las de Cornellà. Niños ilusionados. Niños entregados al baloncesto. Haciendo piña. Siendo un equipo. ¡Qué herramienta de continuo aprendizaje es el deporte! Y después de haber jugado en tantos equipos increíbles, de haber aprendido de tantos compañeros y entrenadores, después de leer sobre el tema y de trabajar con niños, me he dado cuenta de que lo que convierte el deporte infantil en un modelo a seguir es la casi absoluta ausencia de egos. A nivel profesional eso es prácticamente utópico, pero está demostrado que los mejores equipos son los que gestionan bien los egos, ya sea por el entrenador o por los jugadores líderes del grupo.

Hay que entender que lo que es mejor para el equipo también lo es para cada uno de sus componentes, porque si el equipo triunfa, todos ganan. Es la única manera de alcanzar metas superiores.

Los egos son un hándicap para cualquier equipo porque representan la negación del espíritu del equipo. Cuando eres joven y compites junto a los mejores del país es fácil creer que ya has llegado, especialmente cuando tu talento es evidente. Es un momento muy delicado. Por un lado sales de la adolescencia, llegas a la mayoría de edad y empiezas descubrir el poder de la seducción. Y la verdad es que los jugadores de los grandes equipos provocan fascinación entre la gente. Tú aún no has llegado, pero acaricias el sueño, y cuanto más cerca estás, más suspiros pareces provocar a tu paso. Son suspiros dirigidos a tu ego, no a tu persona. Así que es mejor no escucharlos. Yo siempre procuro no dejar que el personaje se coma a la persona. Mi etapa como baloncestista profesional tiene fecha de caducidad y la fama es algo efímero; lo que realmente importa al final es la persona. Si dejas que tu éxito profesional te de fina, te encontrarás en una posición vulnerable. Primero, por creerte mejor que los demás simplemente porque haces algo a muy alto nivel, en mi caso meter la pelota en una canasta. Y segundo, porque el día que no puedas continuar realizando esa actividad, y ese día siempre llega, el golpe que te llevas puede ser tremendo. Hay que ir con cuidado. Y cuando uno crece, cuando los sueños empiezan a aparecer por el horizonte, es fundamental no perder de vista al niño que fuiste. Al que jugaba al veintiuno con su hermano o hermana, como hacía yo con Marc. La verdad es que le saco cuatro años y medio, una diferencia considerable cuando eres niño. Al principio me resultaba muy fácil ganarle, pero con los años se fue complicando. Debo confesar, en cualquier caso, que nunca me dejé ganar una partida. En definitiva, hay que tener siempre presentes tus raíces.

Cuando trabajes sin ego descubrirás que el auténtico talento consiste en encajar tus aptitudes en el grupo lo mejor posible. En convertirte en una pieza útil, a poder ser clave, del engranaje. En aprender a aportar tu grano de arena sin esperar nada a cambio. El talento colectivo, bien entrenado y cohesionado, es el que gana campeonatos.

Cuando me traspasaron a los Lakers en febrero de 2008, después de estar seis temporadas y media en los Grizzlies, se me presentó una oportunidad que no podía desaprovechar. Venía de ser el jugador franquicia en Memphis, pero sabía que a partir de ese momento formaría parte de los Lakers de Kobe Bryant, uno de los mejores jugadores de baloncesto de la historia. Nada más aterrizar en Washington DC, la prensa me preguntó quién iba a ser el líder del equipo, si podría haber roces entre Kobe y yo, ya que los dos estábamos acostumbrados a liderar a nuestros respectivos equipos. Mi mensaje fue claro: «Este es el equipo de Kobe y no habrá ningún problema entre nosotros. Estoy muy feliz de estar aquí y mi única preocupación es ayudar a este equipo a ganar el campeonato. Lo demás no me importa». Yo tenía que asumir un papel más secundario, y entendí que si hacía bien ese papel teníamos más opciones de ganar un anillo. Entonces sacrifiqué puntos y tiros. En aquel momento, el equipo estaba en la sexta posición de la Conferencia Oeste y acabamos la temporada los primeros. Perdimos la final contra el Boston, pero aquella derrota hizo que aumentaran nuestras ganas de ganar y eso nos llevó a conseguir los dos anillos que vinieron las dos temporadas siguientes.

Es importante entender que cualquier deporte en equipo consiste en salirse de uno mismo para formar parte de un todo que es mucho mayor que tú. Esta idea me la transmitió muy bien Phil Jackson. Phil era el alquimista de los Lakers y uno de los líderes más importantes del equipo. Lo que más me fascinaba era su habilidad para gestionar los egos. Tenía una capacidad única y especial para sacar lo mejor de cada jugador. Phil era una pieza clave de nuestro éxito.

Cualquier equipo necesita gestionar los egos para remar en la misma dirección. Kobe y yo hacíamos una buena pareja, pero Lamar Odom, Andrew Bynum y Derek Fisher, entre otros jugadores, aportaban todo aquello que necesitábamos para que el equipo fuera realmente efectivo y pudiéramos llegar a lo más alto.

La épica del juego en equipo es universal. Desprende una energía que se percibe desde una edad muy temprana. Pero no importa que tengas seis o treinta y ocho años. Cuando juegas con compañeros, cuando entrenas y ganas y pierdes partidos junto a ellos, vives como en una familia. Esa fue una de las cosas que aprendí cuando empecé a jugar con la Selección española. Recuerdo vívidamente el viaje que hicimos en 1998 a Varna, en Bulgaria, para disputar el Campeonato Europeo de Baloncesto Sub-18. La delegación la componían doce adolescentes y casi cuarenta adultos, entre el equipo técnico y los padres de algunos de nosotros. El viaje fue largo y duro, en avión de Madrid a Bucarest, y después en autocar hasta Bulgaria. Estábamos muy ilusionados, cantando —yo el que más—, durmiendo a ratos. Y soñando.

La noche anterior habíamos salido a dar una vuelta por Madrid, que era algo que casi nunca hacíamos. Como éramos muy altos, nadie nos pidió el DNI. En aquella época, muchos habíamos empezado a sacrificar nuestra juventud por el deporte y los estudios. Nos hallábamos, aunque quizá no fuéramos conscientes de ello, en la primera encrucijada de nuestra vida, en ese momento en el que todavía no sabes qué va a ser de ti, si te dedicarás al deporte o apostarás por la universidad. De aquel grupo, los dos únicos que parecían destinados a vivir del baloncesto eran Juan Carlos Navarro y Raúl López. Y durante la concentración en Madrid, incluso algunos de nosotros estuvimos estudiando para la selectividad. A mí, por aquel entonces, la NBA me parecía una galaxia lejana. En realidad, lo único que tenía claro era que iba a empezar la carrera de Medicina, luego ya veríamos. Y hasta soñaba con encontrar una cura para enfermedades como el cáncer o el sida. Siempre fui muy soñador... El baloncesto era mi pasión, algo que me encantaba y que se me daba cada vez mejor, pero aún no tenía ninguna garantía de que pudiera dedicarme plenamente a ello y ganarme la vida jugando. Mis padres bien que se encargaban de recordármelo para que no dejara de estudiar.

La unión que se tejió en aquel grupo maravilloso de chicos fue clave para que la mayoría de nosotros decidiera apostarlo todo por el baloncesto. A esas edades, una de las sombras más poderosas para disuadirte de dar el salto profesional es el sacrificio de tu juventud. Y, de alguna manera, aquella selección, aquel grupo tan bien avenido, era como la negación de cualquier clase de sacrificio. Aquel equipo era un canto a la amistad, algo muy poco habitual en el mundo de la competición de élite y del deporte profesional. Y en aquel viaje a Varna me lancé a cantar mis dos canciones favoritas del momento: «Basket Case», de Green Day, y «I Believe I Can Fly», de R. Kelly, para hacer el trayecto más llevadero. De hecho, a partir de ahí me empezaron a llamar «el Virtuoso». Riendo y jugando, se cimentaron las bases de una unión que iba a durar años: la generación de los Júniors de Oro del baloncesto español, una familia.

Perdimos el primer partido contra Israel, y luego encadenamos siete victorias consecutivas. La última fue ante Croacia y nos coronó como campeones júnior de Europa. No jugué la semifinal contra Grecia pero luego fui titular en la final. En realidad, en aquel equipo el banquillo y el cinco inicial fueron siempre la misma cosa.

Después de ganar el Campeonato Europeo en Varna, nos enfrentamos al Mundial de Portugal de 1999. Era un torneo complicado, pero en el grupo se había creado un ambiente y un espíritu que nos permitían soñar. España se enfrentó a Estados Unidos en la final, y ganó ese Mundial con un equipo en el que empezaban a despuntar las grandes estrellas del futuro de nuestro baloncesto.

A todos nos gusta ganar, mejorar, superarnos, imponernos a nuestro adversario. Es una motivación. En ese sentido, los deportes de equipo ofrecen una educación fantástica a cualquier niño o niña. Cuando te haces mayor, te das cuenta de hasta qué punto es un privilegio haberte educado en una dinámica de equipo, con afán de superación, esforzándote a la vez que disfrutando, y con la mente siempre puesta en la consecución de un objetivo común. Sobre todo cuando llega la adolescencia. Es un momento de transformación, y disponer de un lugar sólido sobre el que caminar es importante. Y para mí el baloncesto lo fue y lo sigue siendo.

El deporte en equipo me ha enseñado a tener disciplina y un compromiso para trabajar duro por unos objetivos. Y me ha preparado para no abandonar a medio camino, por muy duro que sea. Si sabes gestionar esta presión, tu talento aflorará.

5

Bajo presión

¿Cómo te sobrepones a la presión? A lo largo de mi carrera me he enfrentado a cientos, quizá miles, de situaciones donde la presión era descomunal. Cada club y cada entrenador la gestionan a su manera. Normalmente, de joven no juegas bajo la presión a la que deberás enfrentarte cuando seas profesional, pero lo vives con la misma intensidad. En realidad, en cuanto empiezas a jugar de niño descubres que la competencia es feroz. El nivel es cada vez más alto. Y, normalmente, cuanto mayor es el nivel, más aumenta la presión. Para mí, en el Barça, en la Selección española y en los Grizzlies hubo momentos en los que gestionar la presión se convirtió en una habilidad importante, y he continuado desarrollándola a medida que mi carrera avanzaba. Pero sin duda mi etapa en los Lakers marcó un antes y un después, no solo a nivel deportivo sino también mediáticamente.

Venía de Memphis, una ciudad que, comparada con Los Ángeles, bueno… era muy diferente. Los Grizzlies era un equipo con el que tuve la suerte de crecer muchísimo como profesional, y en el que aprendí a gestionar la responsabilidad de ser líder. No lo era cuando llegué, pero sí cuando me fui. Habían pasado más de seis años y en ese período me convertí en el jugador con más puntos, más partidos jugados, más rebotes y más tapones de toda la historia de la franquicia. El mérito es relativo. En Memphis conseguimos objetivos que no se nos habían pasado por la cabeza durante la primera temporada. Éramos un equipo sin historia, un equipo con el que nadie contaba. Y esa ausencia de presión, esa humildad, fue muy favorable para el grupo, nos hizo más equipo. Nadie nos exigía que ganáramos el anillo. No sentíamos el peso de la historia ni el de la camiseta, solo la ilusión de estar escribiendo las primeras páginas de esa historia, algo muy bonito, especialmente cuando alcanzamos los *playoffs* en mi tercer año.

Aquello fue otro objetivo conseguido, un paso importante tanto para el club como para su afición. Y también el principio del desafío. Si un año llegas a los *playoffs*, al año siguiente esperas repetir la hazaña. Y lo logramos. Repetimos la primera ronda de los *playoffs* durante tres temporadas seguidas, pero nunca ganamos ningún partido en aquellas primeras rondas.

Cuando menos lo esperaba, mi etapa en los Grizzlies terminó y fui traspasado a los Lakers en la temporada 2007–2008. Allí cambió todo. Jugar en un equipo que aspira a entrar en los *playoffs* es muy distinto a jugar en un equipo que aspira a ganar el anillo. Y si tu equipo aspira a ganar el anillo, si tiene los recursos y la plantilla, entonces la presión es más complicada de gestionar. En Los Ángeles, era casi proporcional a la escala de la ciudad. Inacabable. Desembarqué en la ciudad de los sueños a mis veintisiete años como fichaje estelar de los Lakers. En la ciudad de Hollywood y del baloncesto. Conocía la historia y la camiseta. A Jerry West, Abdul-Jabbar y Magic Johnson. Sabía que Jack Nicholson y Charlize Theron eran fans. Nada más llegar, Phil Jackson y Kobe Bryant me dijeron: «Bienvenido a Los Ángeles; estamos muy felices de tenerte aquí. Ahora, a por el anillo». Más responsabilidad no podía tener. Phil Jackson ya era por entonces una leyenda viva del baloncesto y el técnico más laureado de la historia de la NBA. Había sido el cerebro que estuvo detrás de los seis anillos cosechados por Michael Jordan en los Chicago Bulls. Nada menos que el entrenador que hizo de los Bulls el mejor equipo de la década de los noventa y uno de los mejores de la historia. Un auténtico líder.

Si algo aprendimos todos mis compañeros y yo gracias a Phil fue a gestionar la presión, a utilizarla en nuestro beneficio. Nos enseñó a controlarla desde un punto de vista mental. Nos transmitió que teníamos que desarrollar nuestra mente tanto como nuestro físico, que el talento que atesoramos es incompleto cuando no lo sincronizamos con las exigencias de nuestra mente, con nuestra manera de estar mental y emocionalmente. Y os preguntaréis cuáles son las exigencias de un *crack* del básquet. Phil lo tenía claro: para que tu mente estuviera a la altura de tu cuerpo tenías que desvincularla del pasado. Lo que importaba era el ahora y el equipo. Y era posible alinear las dos cosas, trabajando tu concentración y tu disposición, para llegar a estar plenamente concentrados y unidos.

Phil Jackson había gestionado a los más grandes y había conseguido que jugaran al mismo nivel de compenetración. Nunca se cansó de reivindicar la importancia del equipo como unidad. De ahí que su sistema de juego elegido fuera el «triángulo» del mítico Tex Winter, un sistema basado en aprovechar los huecos entre los oponentes y en el que el balón se mueve en función de la defensa, siempre con el objetivo de encontrar al compañero con mejor opción de tiro. Lo más importante, de hecho, era desprendernos de la consciencia de nuestras virtudes individuales y asumir que tu rol dentro del equipo es infinitamente más poderoso y determinante que ninguna de tus capacidades como individuo. Como el mismo Phil escribiría, «el jugador no solo tiene que ser valiente, también tiene que ser compasivo consigo mismo, con sus compañeros y hasta con sus rivales».

Al igual que Mozart, los Beatles o Bill Gates, Phil Jackson ha invertido miles de horas de su vida en su profesión. Primero como jugador, donde también conquistó sus dos anillos, y luego como entrenador. Aprendió a ganar muy deprisa, pero le llevó un poco más de tiempo darse cuenta de que la victoria individual era la más irrelevante de todas. Y esto lo dice un hombre que tiene trece anillos. La conquista siempre tiene que ser colectiva. Si no, no hay conquista.

Otra de las técnicas que practicábamos con Phil era la meditación en grupo. Nos sentábamos en la sala de vídeo, o en el vestuario cuando jugábamos fuera de casa, y Phil apagaba las luces. Con los ojos cerrados y la espalda recta, nos centrábamos en la respiración. Él dirigía la sesión, enunciando los mensajes que quería que tuviéramos presentes en cada momento. Esta práctica fomentaba la unión del equipo.

Con Phil había días que entrenabas en silencio; otros, lo hacías a oscuras. Esos días, el trabajo se basaba en la concentración y la meditación, en la precisión de la relajación. Aunque parezca mentira, un organismo relajado es mucho más preciso que un organismo tenso. Phil nos descubrió un mundo de sabiduría increíble. Desde entonces, practico ejercicios de meditación y de visualización, y eso me ha fortalecido de una manera inimaginable y me ha ayudado a sacar el máximo provecho de mi talento.

El conocimiento de Phil también es algo fuera de lo común. Ha bebido de las fuentes menonitas tanto como de culturas orientales milenarias, del zen, del tao y de la cultura india norteamericana. Y de todas ellas adoptó un concepto que le fue útil para comprender la manera en que vivía los partidos desde el banquillo y fuera de él: siempre con concienciación. Y esta solo se consigue a través del silencio y de la relajación, que te permite llegar a la atención plena.

Otra de las técnicas que utilizaba Phil con el equipo consistía en regalar todas las temporadas un libro diferente a cada jugador, según el carácter o los intereses de cada uno, con motivo de la gira de los Grammy, en febrero, cuando los Lakers jugábamos ocho o nueve partidos fuera. Tras incorporarme a los Lakers, el primero que me regaló fue *Fiesta*, de Ernest Hemingway, cuya acción transcurre en parte en Pamplona durante las fiestas de San Fermín. Otros libros que me regaló fueron *2666*, de Roberto Bolaño, que retrata la problemática de las drogas en México, los secuestros, la corrupción y la violencia, y *Trampa 22*, de Joseph Heller, que narra la historia de una escuadrilla de bombarderos durante la Segunda Guerra Mundial. Para asegurarse de que leyéramos los libros, a algunos jugadores luego les hacía preguntas o les pedía un resumen. A mí nunca me lo pidió. Ahora, en estas dos temporadas que llevo jugando en San Antonio, Gregg Popovich también nos regala uno o dos libros por temporada a cada jugador, normalmente relacionados con el racismo, muy arraigado en Estados Unidos. La temporada pasada nos regaló el ensayo *Race Matters*, del filósofo Cornel West, y *Entre el mundo y yo*, de Ta-Nehisi Coates, una emocionante carta de un padre a su hijo. Es interesante que dos de los mejores entrenadores de la historia promuevan la lectura entre sus jugadores. Por algo será.

He recorrido un largo camino desde las canchas donde empecé a jugar de pequeño hasta los parquets de la NBA. Y si algo tengo claro es que no ha sido mi talento por sí solo el que me ha traído hasta aquí. La piedra en bruto que algunos vieron en mí, lo que me llevó a apostar por el baloncesto como forma de vida, se ha transformado en una piedra preciosa. Porque la he tallado. Porque el trabajo en equipo ha sido clave para pulirla. Porque detrás de todo diamante se esconde una historia de esfuerzo, constancia y dedicación.

SEGUNDA PARTE

No te conformes nunca

6

Paso a paso

El 17 de enero de 1999 conseguí uno de mis sueños: debuté vistiendo la camiseta del FC Barcelona de baloncesto. Ahí empezó el auténtico desafío. El partido se retransmitió en directo, desde Cáceres, en una cadena nacional. Lo recordaré siempre. Ese día di mi primer paso en el primer equipo del Barça. Solo fueron veintinueve segundos. Veintinueve segundos en los que toqué el balón una vez, para sacar de fondo después de la última canasta del equipo local.

En las imágenes se me ve con una cara de pipiolo apabullante. Son veintinueve segundos de taquicardia y aceleración. De entusiasmo y de nervios, los mismos nervios que sentí en Memphis, cuando mi primer paso consistió en sortear contrincantes implacables que, al ver a un tipo tan flaco como yo, querían pasarme por encima. Todos sabéis cómo se les llama a esos instantes del baloncesto: son los «minutos de la basura» en los que se foguean los novatos. Pero esos segundos en Cáceres fueron el principio de una carrera de fondo plagada de desafíos y de obstáculos, que jamás habría superado sin la ayuda de mis padres, mis hermanos, los compañeros que he tenido, todos mis entrenadores, mis fisioterapeutas y mis preparadores físicos. Todos ellos son los artífices en la sombra de un logro del que el último responsable siempre era yo.

Por aquel entonces, todavía ignoraba qué iba a ser de mí. En el baloncesto avanzaba hacia donde yo quería, pero mi físico seguía siendo demasiado débil y la exigencia era cada vez mayor. La Medicina me seguía apasionando, sobre todo por la influencia de mis padres. Como os he contado, desde mi infancia uno de mis sueños era ser médico. En concreto, recuerdo el día de 1991 en el que Magic Johnson hizo público que era seropositivo. Uno de mis ídolos, tal y como lo entendí en aquel momento, iba a morir muy pronto por haber contraído el virus del sida. Tenía once años y aquella noticia me afectó profundamente.

Cuando por ello decidí estudiar Medicina, mis padres se sintieron conmovidos y orgullosos. Mi madre tenía muy claro que la carrera de un deportista es demasiado corta como para apostarlo todo a esa carta. Así que, después de aquel debut con el Barça supe que si seguía trabajando como había hecho hasta entonces los objetivos se cumplirían.

Y los objetivos, como todo en la vida, tienen que ser ambiciosos y exigentes. En Estados Unidos se dice mucho que, si apuntas a las estrellas, llegarás a la luna; quizá no llegues a las estrellas pero te quedarás cerca. Por eso es importante ser ambicioso y exigente con uno mismo, pero también con los demás, aunque hay que ir paso a paso. Si estás en un equipo menor no puedes marcarte como objetivo jugar en la NBA. Los objetivos tienen que ser progresivos. Por ejemplo, cuando era júnior del Barça quería llegar al primer equipo, pero antes pasé por la liga EBA, por el Barça B. Ya en el primer equipo tuve que trabajar para convertirme en uno de los jugadores importantes antes de ir a la NBA, y después, una vez allí, tuve que ganarme el respeto y la confianza de mi entrenador y mis compañeros y luchar para ser el Rookie del Año. El siguiente objetivo fue llevar el equipo a los *playoffs*, y después llegar a ser All-Star... Tuve que superar una serie de retos que son necesarios para jugar y triunfar en la NBA. A los quince años no puedes marcarte como objetivo competir en la NBA, tienes que ir paso a paso. Además, en aquel momento solo había un jugador español que había conseguido pisar los parquets estadounidenses: Fernando Martín, nuestra primera gran leyenda, el primero que pudo y se atrevió a dar el salto. El que abrió la puerta para que los que fuimos detrás pudiéramos entrar. Si no se nos hubiese ido tan temprano, hubiéramos disfrutado con él tanto como disfrutamos con su hermano Antonio.

Para mí fue un sueño hecho realidad jugar aquellos veintinueve segundos en Cáceres. Era un paso más dentro de mi progresión. Y todos estos pasos son los que acaban marcando tu carrera. Poco a poco, sin prisa pero sin pausa.

Por otro lado, mi físico también se desarrolló lentamente. A los catorce años medía 1,89 metros. Y no quiero decir que no creciera deprisa, sino que no dejé de hacerlo hasta los veinte años. Fue un desarrollo inusual. Mi complexión siempre fue delgada —en clase me llamaban «Fido Dido»—, y mientras mi estatura aumentaba no pude desarrollarme muscularmente. El año de mi debut pesaba 98 kilos; sabía que me acercaba a los 100 kilos y que, si seguía aplicándome con disciplina, las cosas seguirían mejorando.

Siempre tuve claro que la historia corría a mi favor, pero había quienes tenían sus dudas. O, más bien, quienes sabían que, si no me esforzaba al máximo, si no me fortalecía y lograba ganar musculatura, todo aquel esfuerzo resultaría en vano.

Recuerdo muy bien, por ejemplo, la época en que aún no había debutado en el primer equipo del Barça. Tenía diecisiete años y jugaba con los júniors, con Juan Montes y Quim Costa de entrenadores. Al final de aquel año, Juan Montes me propuso ir a entrenar por primera vez con el primer equipo del Barça. Juan Carlos ya iba de vez en cuando. Por aquel entonces, yo me creía muy bueno. Entrené con el primer equipo y, cuando terminamos, Juan Montes nos echó la bronca a Juan Carlos y a mí porque no parábamos de quejarnos de que nos hacían faltas. Nos dijo que con esa actitud no íbamos a ningún lado. Hay entrenadores que te ponen en tu sitio. Después de esa lección de humildad, trabajamos muy duro para, cuando tuviésemos otra oportunidad, ser capaces de afrontarla con otra actitud.

7

Objetivos y expectativas

Es necesario distinguir entre el objetivo y la expectativa. El objetivo es lo posible y la expectativa es el deseo. Siempre me marco objetivos a corto plazo para poder llegar a la meta que me he propuesto y no dejar de crecer. Y también es importante ser específico: el objetivo es el camino. Supongo que no será la primera vez que leéis o escucháis esta frase... Kobe Bryant, mi amigo y excompañero de los Lakers, la utilizó en su discurso en la ceremonia del retiro de sus dos números en el Staples Center: «It's about the journey», dijo. Según Kobe, lo que importa es el camino que haces en la vida. No se trata de una sola temporada, debes disfrutar de todo el camino, con sus momentos buenos y malos. Cómo gestiones estos momentos es lo que te acabará definiendo. Cuando trabajas para conseguir algo, te acercas a tu objetivo. Pero si solo esperas que se cumplan tus expectativas correrás el riesgo de sentirte frustrado, decepcionado, de apagar la llama, pero tienes que mantenerla viva para no apagarte tú. Motivos para tirar la toalla los hay a patadas y en todas partes, especialmente cuando empiezas, cuando todo está por demostrar.

La temporada de 1998–1999 debuté en enero con el primer equipo y apenas volví a jugar en dos ocasiones más. El resto de los partidos o no fui convocado o los vi desde el banquillo. Cuando eres el más joven te sobran las expectativas. Basta con tener claros tus objetivos, tus retos, y dejar que la ilusión, esa llamarada temprana, arda libre. Esa llama es la pasión que hace que todos los días, antes de irte a dormir, desees que llegue la mañana siguiente para volver al trabajo y tener la oportunidad de seguir mejorando, de seguir creciendo, de acercarte a tus sueños, entendiendo que el esfuerzo y la disciplina son necesarios para llegar a tus metas. Y el baloncesto ha sido siempre mi pasión y, por tanto, a pesar de mi dilatada carrera, sigo con la motivación intacta, ya que siempre puedes buscar nuevos retos que marcarte. Cada persona debe encontrar su pasión y tener la oportunidad de vivirla.

Para mí, con dieciocho años, estar sentado en el Palau Blaugrana rodeado de un equipo como aquel, con el aliento de la gente en la nuca, fue una experiencia alucinante que no hizo más que alimentar mi llama interior. Y eso que ni siquiera jugué. Pero ese era mi desafío: seguir creciendo. Aprender. Disfrutar de mi pasión. Al final, la vida de cualquier persona es un reto constante. Los retos son los que mueven nuestro día a día, y la superación de los mismos no supone el final, sino que lleva a plantearse nuevos retos más ambiciosos, o simplemente distintos. Los retos deben servir para motivarte y orientar tus esfuerzos. En este sentido, os recomiendo un libro que me regaló mi entrenador actual: *Remando como un solo hombre*, de Daniel James Brown. Es una historia conmovedora y llena de lecciones que nos muestra cómo un grupo de muchachos, a base de dedicación, humildad, liderazgo y una compenetración impresionante entre ellos consiguió, contra todo pronóstico, hacer historia en los Juegos Olímpicos de Berlín en 1936.

Los comienzos suelen ser así para la mayoría de los jugadores: después de cada logro, de cada pequeño paso, hay un regreso a la realidad. Y ahí es donde es necesario demostrar tranquilidad y determinación. Si un objetivo está bien marcado, lo seguirás viendo igual de claro después de disfrutar de tus primeros minutos en la Euroliga o de pasarte diez partidos sin ser convocado. Lo importante es saber aprovechar al máximo todas las oportunidades que se te ofrecen, saborear la gloria de todos los «minutos de la basura», aunque no sean más que unos segundos y solo tengas tiempo de que te metan un tapón. En aquella primera temporada en el Barça no jugué mucho más, pero me entrenaba cada día con jugadores que hacía muy poco habían sido mis ídolos y estaba a las órdenes de uno de los entrenadores más laureados del baloncesto español: Aíto García Reneses. Todo aquello imponía, y obviamente yo era un chavalín en medio de aquel equipo.

Por suerte, no viví aquella experiencia solo. En el Barça estuve acompañado por otra persona grandiosa, uno de los mejores jugadores que ha dado la historia del baloncesto español: Juan Carlos Navarro, a quien, con cariño, llamamos «Juanqui». Juan Carlos ya se entrenaba en el primer equipo antes que yo. Él y Raúl López eran los líderes indiscutibles de aquella selección que estaba a punto de convertirse en la de los Júniors de Oro, la primera selección júnior del baloncesto español que se colgó la medalla de oro en un Mundial, algo que logramos en Lisboa aquel mismo año. Batimos a Estados Unidos (94–87) en un partido apoteósico en el que Juanqui y Raúl López fueron los grandes protagonistas. Otro logro soñado, deseado y cumplido.

Después de esa final y de nuestra primera temporada entrenando y siendo convocados con el primer equipo, Juan

Carlos y yo teníamos un objetivo muy claro: queríamos consolidarnos. A nuestro regreso del Mundial cumplimos nuestra promesa de teñirnos el pelo de rubio si ganábamos. Y así, con el cabello decolorado, firmamos nuestro primer contrato profesional. Ese día, el día que lo firmas, la naturaleza de tus objetivos asume otra dimensión. Juanqui y yo nos llevamos tres semanas y crecimos en la misma comarca, en el Baix Llobregat, así que por aquel entonces casi lo único que nos separaba eran 24 centímetros de estatura. Él estaba más formado que yo, pero los dos compartíamos unas ganas tremendas de demostrar que podíamos jugar con los mejores. Así que empecé a centrarme más en el gimnasio para alcanzar un objetivo que me permitiría competir en la cancha: fortalecerme de verdad. Y en la mejora de mi físico hubo una persona que merece un capítulo aparte en la historia de mi vida: Pepe Casal, «Pepiño», un preparador físico gallego que fue uno de los hombres más determinantes en mi transformación.

Aíto García Reneses tuvo claro que Juanqui y yo necesitábamos musculatura para competir mejor, y Pepiño sabía que para ganar musculatura es necesario dedicar horas a entrenar en el gimnasio. Una frase suya que nunca olvidaré y que solía decirme cuando solo me apetecía hacer ejercicios del tronco superior es: «¡Venga, hay que trabajar las piernas! Que en el baloncesto no se salta con las orejas». Sonrío cada vez que la recuerdo, aunque la oiga solo dentro de mi cabeza.

Por aquel entonces el gimnasio no me gustaba. Lo de hacer pesas y machacarse en esa sala, muchas veces solitaria y silenciosa, no me llamaba la atención. Eso era para los que no tenían talento. Pero Pepiño me hizo ver que era una parte fundamental para dar mi siguiente paso como jugador de baloncesto y con el tiempo le he dado el valor que se merece. Siempre es importante ser consciente de los sacrificios que tendrás que hacer para alcanzar tus objetivos. ¿Merece la pena? La clave es tener ilusión por lo que haces, entender que habrá una fase de sufrimiento para poder recoger los frutos más adelante. Para mí, empezar a trabajar con Pepiño y hacer algo que no me gustaba por el bien de mis objetivos fue uno de los pilares de mi formación. Y de mi fortaleza. Me descubrió músculos que no sabía que tenía, y siempre con una misión clarísima: el primer objetivo era alcanzar los cien kilos.

8

El motor de los retos

En la vida de un deportista de élite, como en la de cualquiera, hay pocas cosas que sucedan por casualidad. Y conocer a Pepiño no fue una casualidad.

En la temporada 1999–2000 mi vida iba a dar un vuelco. Después de conquistar el Mundial Júnior de baloncesto de Lisboa en 1999, todos los miembros de aquella plantilla, «los Júniors de Oro», como nos bautizaron, pasamos a ser considerados «deportistas de élite» por el Consejo Superior de Deportes. Existían unas plazas reservadas en cada carrera para que pudiéramos estudiar la que quisiéramos. El único requisito era aprobar la selectividad. Esa era nuestra nota de corte. La aprobé por los pelos, pero la aprobé. Y me matriculé en Medicina, casi coincidiendo con la firma de mi contrato con el Barça.

Durante aquella primera temporada en el Barça no tuve un solo día libre, pero al mismo tiempo me sentía muy afortunado de jugar en el primer equipo. De hecho, desde que conocí a Pepiño mi concepto de vacaciones cambió radicalmente. Es más, tras mi marcha a la NBA seguimos trabajando juntos cada verano hasta los Juegos Olímpicos de Pekín de 2008. Pepiño descubrió una faceta en mí que yo desconocía. Sabía bien cómo picarme, cómo motivarme. Un luchador que luego seguirían puliendo muchos entrenadores, y que Phil Jackson lograría convertir en un guerrero aún más atento, más focalizado. Pepiño forjó mi sentido de la abnegación y la entrega. Y, si bien me costó horrores, la dedicación tuvo su recompensa a medida que avanzaba la temporada, sobre todo cuando llegaban los momentos cruciales como la Copa del Rey, los partidos de Euroliga o los *playoffs* de la liga ACB. Era como si, de repente, todas las horas de gimnasio dieran sus frutos. Tan pronto estaba defendiendo a Alberto Herreros, uno de los mejores aleros del baloncesto español, pasando bloqueos y persiguiéndole por toda la pista, como me plantaba en el poste bajo y machacaba la canasta delante de Éric Struelens. Pepiño nos convenció a mis padres y a mí de que la clave para alcanzar mis objetivos pasaba por el sacrificio y por la transformación física: 100 kilos. Pepiño consiguió, entre otras cosas, que me llevara los ejercicios físicos a casa, donde los practicaba de noche.

Pero aquella dedicación también tuvo consecuencias negativas. A medida que se multiplicaban las convocatorias con el primer equipo del Barça y las sesiones de entrenamiento, empecé a faltar a las clases obligatorias y a las prácticas de Medicina, que son fundamentales, y ni siquiera podía presentarme a los exámenes de esas asignaturas. Y llegué a la conclusión de que no podría compaginar los estudios con el baloncesto.

En casa, esa renuncia se vivió como una pequeña debacle. Pero si quieres llegar a cumplir tus sueños, debes marcarte objetivos claros y tomar decisiones dolorosas. No me gusta hacer las cosas a medias, sino dar el cien por cien en todo lo que hago. Por eso decidí perseguir el sueño de convertirme en jugador profesional de baloncesto.

El trabajo y la dedicación de aquel año fueron brutales, pero los resultados no tardaron en llegar y eso hizo que ganara en confianza y seguridad. Fue un proceso muy orgánico, aunque tal vez, de cara al público, hubo un partido clave. Fue en el año 2000, una eliminatoria de cuartos de final de la Copa del Rey contra el Real Madrid. Jugábamos en Vitoria. El Madrid se había escapado en el marcador de manera casi definitiva. Íbamos veinte puntos por debajo cuando Aíto me encargó detener al gran Alberto Herreros, que había convertido nuestra línea de 6,25 en un auténtico coladero. Supongo que ese es otro ejemplo de cómo las reinvenciones son determinantes en la vida de un jugador de baloncesto. Empecé a jugar en mi colegio de Sant Boi a los siete años, la Escola Llor, y a los trece fiché por el CB Cornellà, donde coincidí con el primer entrenador que confió plenamente en mis posibilidades, Juanjo Campos. Él se empeñó en que trabajara el manejo del balón, especialmente en las transiciones y los contraataques. Juanjo quería que botara la pelota con las dos manos y que repartiera juego. Incluso hubo algún partido, cuando nuestro base titular no podía jugar, en el que me dio la oportunidad de jugar de base. ¡De base, nada menos! Era el chaval más alto del equipo, de ahí que asignarme la tarea de subir el balón fuera todavía más desconcertante.

Claro que, si quieres crecer como jugador, hay pocas cosas tan instructivas y recomendables como intentar jugar en todas las posiciones. Es algo de lo que no eres consciente cuando eres joven. Y jamás pensé que las enseñanzas de Juanjo me servirían para tener la visión de juego que tengo ahora, y que me ayudarían a convertirme en uno de los pívots con más asistencias de la historia de la liga junto a Tim Duncan, Kareem Abdul-Jabbar y Kevin Garnett. De la misma manera, defender a un alero como Alberto Herreros, con los 2,14 metros que medía entonces, fue otra pequeña hazaña que sirvió para que la gente empezara a hablar de mis aptitudes. Aquel día, en Vitoria, acabamos ganando. Pero no solo eso. Me reivindiqué y di carpetazo a las dudas que había despertado durante mi formación. Aquel día tuve claro que los retos serían mi motor. Y, lo que es más importante aún: que aquello no había hecho más que empezar y que no significaba nada en sí mismo. Después de cada pequeña hazaña, de cada paso, es importante saber cuál será el siguiente objetivo. Aquel día, en Vitoria, tuteándome con algunos de los mejores jugadores de Europa, la NBA dejó de ser una fantasía y se convirtió en una posibilidad. La báscula marcaba ya 98 kilos. Mi cuerpo estaba cada día más formado.

Aíto dijo que mi crecimiento como jugador no fue paulatino sino exponencial, como si hubiese pasado de cero a cien en dos segundos. En muy poco tiempo, pasé de ser una promesa a una realidad. Y en parte eso fue posible porque tenía claro a donde me dirigía. No iba a defraudar a mi madre, ni iba a desmerecer el trabajo de Pepiño. Y, sobre todo, no iba a defraudarme a mí mismo ni a mis compañeros. Mi única opción era entregarme en cuerpo y alma, el rumbo estaba claro. Siempre puedes aspirar a más, siempre tienes que aprender de lo que has hecho hoy, hayas ganado o hayas perdido. Desde entonces, empiezo cada temporada con el mismo objetivo: dar lo mejor de mí mismo.

Al año siguiente, en la temporada 2000–2001, ganamos la Liga y la Copa del Rey con el Barça. Y a la siguiente lo aposté todo por ir a la NBA. No fue fácil dejar el Barça, y muchos cuestionaron que me marchara tan pronto, consideraban que era precipitado.

Realmente mi plan no era irme aquella temporada. Pensaba jugar un año más con mi equipo y llegar a la mejor liga del mundo con más preparación. Pero el destino quiso que se aceleraran las cosas, y cuando el día antes del *draft* mi agente americano me preguntó: «Si sales elegido en los tres primeros puestos ¿te comprometerías a venir la temporada que viene?». Sin dudarlo, pensando que era altamente improbable que sucediera, le dije que sí. Y así fue, salí tercero en el *draft*, algo que jamás me hubiera imaginado.

En Memphis mi objetivo era crecer definitivamente como jugador en la liga más competitiva del planeta. Podría haberme echado atrás. Podría haber intentado convencer a Memphis de que no estaba preparado para dar el salto y haberme quedado en Barcelona como tenía planeado en un principio; es posible que hubiéramos tenido una gran oportunidad de ganar la Euroliga al año siguiente. Pero elegí la NBA. Di mi palabra y eso para mí es sagrado. Aposté por la liga más competitiva y exigente, por el ritmo trepidante, por los tres partidos por semana. Fue un viaje a todos los niveles, y sin el apoyo de mi familia y de Pepiño probablemente no lo hubiera conseguido.

9

Cada experiencia es
una oportunidad para crecer

En la vida, siempre hay oportunidades para crecer. Cada experiencia te permite progresar y aspirar a ser mejor. Esta última etapa en San Antonio también está siendo una oportunidad para seguir creciendo como jugador y como persona, para adaptarme a una nueva situación con jugadores diferentes, con un entrenador muy peculiar, y en una franquicia que ha tenido un éxito y una continuidad excepcionales y que cuenta con la admiración de todas las franquicias de la liga, y probablemente con la de otros deportes profesionales estadounidenses.

Cuando dejé el Barça para ir a Estados Unidos, también fue una oportunidad para crecer y madurar. Hoy, diecisiete temporadas después, en las que a menudo he llegado a jugar casi cien partidos, mi ilusión, mi compromiso y mis ganas de seguir creciendo brillan con la misma intensidad que el primer día. Además, por muy dura que haya sido la temporada en la NBA, siempre he intentado acudir a la llamada de la selección nacional, a no ser que mi salud me lo impidiera. Desde 1997 han sido veintidós veranos con mi otra familia. Los tres que no pude competir estuve presente en algún momento del campeonato apoyando desde la grada. Sin entrega, sin trabajo y sin sentido del compromiso por parte de los jugadores, los entrenadores, el resto del *staff* y los directivos, ninguna de las glorias conquistadas con la selección hubiera sido posible.

Por supuesto, un mal día lo tiene cualquiera, pero al día siguiente tenemos la oportunidad de corregir lo que no ha salido bien. Y lo más importante: pase lo que pase, cada partido es una nueva ocasión para crecer y dar lo mejor de nosotros mismos, independientemente de lo que haya sucedido en el anterior. La NBA gasta las suelas de las zapatillas de todos sus jugadores a una velocidad que no se puede comparar con ninguna otra liga del mundo. Y si logras adaptarte a las comidas y al idioma, al paisaje y a la rutina, si tu compromiso logra alinearse con la exigencia de la temporada regular, no harás más que mejorar.

A veces, parece que la presión es insoportable y que tu destino se te escapa de las manos. Y en esos momentos solo cabe invocar a tu capacidad de concentración y utilizar las técnicas que nos enseñó mi querido Phil Jackson, y así volver a esa atención plena a través de la meditación. Por mucho que las cosas no salgan como deseas, tienes que seguir trabajando por conseguirlas con idéntica constancia y humildad. Mi madre nunca se cansó de recordarnos lo corta que es la vida del deportista, y le sobraba razón. No se trata de un *sprint*: es una carrera de fondo en la que tienes que administrar bien tus fuerzas, sopesar tus virtudes y analizar cada situación en cada momento para ofrecer una respuesta adecuada.

Estoy convencido de que, en esa carrera de fondo que es la vida del deportista, cada encuentro es una experiencia más. Y la experiencia siempre tiene sus aplicaciones. A veces, es un instrumento para subir los ánimos en el vestuario, en el descanso. Otras, es un aprendizaje invisible, casi ciego, que te permitirá tomar las decisiones adecuadas en el momento oportuno. Por ello, cada partido suma, y la suma de muchas experiencias conduce al éxito. En cada partido se nos ofrece una nueva oportunidad para demostrar lo que valemos, por eso no hay partidos fáciles o menos importantes. Como decía Michael Jordan: «Juego cada partido como si fuera el último». Porque el mañana no está garantizado. Debemos afrontar cada día como si fuera el último, dando lo mejor de nosotros mismos en cada momento.

Lo bueno de mi profesión es que después de un partido, en un par de días, a veces al siguiente, llega una nueva jornada: otra oportunidad para corregir los errores, otro momento para aplicar todo lo que he aprendido.

«Reinventarse o morir.» Esta es otra de las frases que no me canso de repetir porque creo que hay que cambiar radicalmente para seguir creciendo. Pero las reinvenciones no se producen por arte de magia, sino que son fruto de estrategias, de objetivos y de una respuesta adecuada a los desafíos que surgen cada temporada en cualquier equipo.

A lo largo de mi carrera he estudiado cuidadosamente las opciones que tenía a mi alrededor y, tras completar mi formación al máximo nivel en Memphis, siempre he apostado por los proyectos ganadores porque cuando apuestas fuerte por algo, tu nivel de exigencia ha de ser máximo. Solo entonces tu esfuerzo y tu dedicación serán recompensados. Así es como he ido evolucionando. En cada uno de los equipos en los que he estado, las situaciones han sido diferentes y, por ello, he tenido que adaptarme a las necesidades de cada momento. Incluso dentro de un mismo equipo, un cambio de entrenador, la presencia de nuevos jugadores o, simplemente, la evolución de la propia temporada ha comportado cambios en mi forma de jugar.

En el momento de escribir estas líneas, estamos en pleno invierno de 2018 en San Antonio. Llevo aquí un año y medio, y ya os puedo adelantar que no ha sido fácil. Nunca lo es. Claro que también ese es el reto: llegar a un nuevo lugar, incorporarte al equipo, adaptarte a su filosofía, a los compañeros y al entrenador. Hay decisiones que tienes que meditar con calma. Y ahora también con madurez, una aliada inmejorable.

En 2014 dejé a los Lakers y aposté por los Bulls porque lo consideré un proyecto ganador. Firmé por dos años, y si bien cuajé dos buenas campañas, al aproximarse el vencimiento de mi contrato, y tras una temporada colectiva irregular, volví a sentarme a meditar mis opciones y a considerar un nuevo destino que me ofreciera lo que cualquier jugador ambicioso desea: luchar por el anillo. Fue entonces cuando arrancaron mis conversaciones con Gregg Popovich, el amo y señor de los San Antonio Spurs, un equipo no solo para jugar los *playoffs* sino para intentar ganarlos. El objetivo estaba claro. Y la plantilla era sensacional. La pregunta era: ¿cómo podría contribuir yo a mejorarla?

La adaptación no fue fácil. Primero tuve que hacer un trabajo de análisis del equipo, del entrenador y los jugadores. Valoré qué necesidades tenía el equipo, teniendo en cuenta que llevan muchos años jugando juntos, con jugadores como Manu Ginóbili, Tony Parker, Danny Green y Patty Mills, y busqué el modo de incorporarme en el engranaje que ya estaba en marcha. Ahí es cuando tienes que adaptar tus cualidades para poder encajar en el equipo y sacar lo mejor de ti, dejando a un lado lo personal para llevar a cabo lo que te pida el colectivo. Popovich lleva veinte años entrenando a los Spurs y, como no podía ser de otra forma, tenía que respetar su manera de hacer y su filosofía de trabajo.

Durante la primera temporada trabajamos mucho las transiciones y los lanzamientos de campo, especialmente los triples. Y lo cierto es que mis números aumentaron, hasta el punto de ser mi mejor temporada a nivel estadístico en lanzamiento de triples. Claro que también me lesioné —me rompí el cuarto metacarpiano de la mano izquierda durante el calentamiento de un partido contra los Nuggets en casa—. Después del mes y medio que me pasé apartado de la cancha, el entrenador decidió que mi rol debía cambiar y, a partir de ese momento, empezaría a salir desde el banquillo. Podría estar de acuerdo o no con su decisión, pero si él creía que con mi cambio de rol el equipo saldría beneficiado, tenía que respetarlo.

Como era previsible, dado el papel que se me había asignado en el equipo, acabé la temporada con las cifras en minutos y puntos más bajas de mi carrera. Pero las cifras son solo eso: cifras. Y más allá de lo que hayas conseguido a título personal, lo que cuenta es lo que consigas para el colectivo. Para eso fiché por los Spurs. Si me hubiese quedado con ese dato, con la lectura negativa de mi estadística, igual me habría costado más enfrentarme a la segunda temporada. Pero, para mí, la segunda temporada no era la posibilidad de un fracaso sino la seguridad de un desafío. La experiencia y mi naturaleza me han enseñado que para seguir avanzando tienes que prescindir de las lecturas negativas. Nunca me marco ningún límite a mis habilidades. Palabras como «imposible», «difícil» o «inalcanzable» no forman parte de mi vocabulario; simplemente, no las considero.

Al principio de la temporada 2017–2018 volví a sentarme con Gregg Popovich y mis compañeros. Antes del primer partido había nubarrones sobre nuestras cabezas: Kawhi Leonard y Tony Parker, nuestros dos líderes, estaban lesionados. Obviamente, con ellos fuera de la cancha debíamos estar más unidos que nunca y encontrar la manera de subsanar un punto débil del que todos nuestros rivales estaban al corriente. En un momento así, ante la adversidad, es importante identificar qué es lo que puedes aportar a tu equipo. Esta temporada, mi número de asistencias por minuto jugado es el más alto que he registrado en toda mi carrera. Decidí que el equipo necesitaba más mi habilidad para distribuir juego que para anotar puntos.

Es imposible vaticinar lo que ocurrirá a lo largo de una temporada, por eso hay que tener capacidad de reacción. En el deporte profesional hay que adaptarse al contexto en cada momento, y a mucha velocidad, especialmente cuando estás en un equipo ganador. No solo tú, también tus compañeros. Lo que funcionaba antes no tiene por qué funcionar ahora. De modo que para lograr que las cosas vayan como tienen que ir, hay que saber leer el contexto y las necesidades de cada momento. Si el año pasado hacían falta triples, no era cuestión de ponerse a trabajar los ganchos en el poste bajo, una de mis virtudes proverbiales. Las asistencias no aparecerán por arte de magia el día que Tony Parker y Kawhi Leonard no pueden jugar. Se trata de conjurar a la adversidad y enfrentarse a ella. Y la mejor manera es siempre de cara.

El baloncesto de la NBA está evolucionando para tener un juego más dinámico, sin tantos tiempos muertos. Este proceso de reinvención lo han abanderado los Warriors. Tienen el papel de pioneros en este nuevo estilo de juego al que todos quieren ajustarse: posesiones cortas, más triples, juego vertiginoso, versatilidad, aleros que ejercen de pívots. Y eso beneficia a los Warriors o a equipos como Houston. Lo que ahora domina es un juego exterior, de pequeños, de velocidad, en el que los grandes no estamos tan cómodos. Pero ese nuevo tipo de juego más veloz no tiene que plantearse como un problema. Hay que afrontarlo. Las artes marciales también son muy sabias encarando situaciones así. Si alguien intenta atacarte, lo peor que puedes hacer es encogerte y ponerte tenso. En el baloncesto profesional sucede exactamente lo mismo: si te encoges, serás presa fácil de tus rivales; te pasarán por encima, te vapulearán. Es importante salir al encuentro de tus contrincantes de cara. Y hacerlo a conciencia. La clave es estar concentrado y relajado, dos estadios que acostumbran a traducirse en confianza y buen hacer.

No puedes saber qué pasará mañana, pero sí puedes controlar cómo te gustaría enfrentarte a lo que venga. Así que respira hondo, mantén una buena actitud y valora muchísimo todo lo que has conseguido. Pero no te conformes.

No importa cuántos anillos hayas ganado, ni los títulos conseguidos, ni los éxitos sumados. Lo único que importa es lo que harás hoy. Nunca he perdido de vista dónde estaba en cada momento. He sido dos veces campeón de la NBA, he mordido medallas de oro, he subido a podios olímpicos en tres ocasiones y, después de triunfos inolvidables, he visto cómo mis compañeros han cortado las redes de más canastas de las que jamás habría imaginado. Pero lo que nunca he hecho ha sido conformarme. Es la única manera de seguir creciendo y alcanzar metas que no creías que fueran posibles.

TERCERA PARTE

Aprender del éxito y del fracaso

10

Un cúmulo de altibajos

Una de las derrotas más dolorosas de mi carrera fue cuando perdimos con la selección la final del Europeo de 2007 en Madrid. Tuvimos el partido en las manos. Éramos los favoritos, y además jugábamos en casa. Habíamos disputado un buen campeonato, pero en la final contra Rusia nos quedamos cortos. Tuve la oportunidad de anotar el último tiro para ganar el partido y lo fallé. Me lo tomé muy a pecho, pero me sirvió para que ganáramos tres de los cuatro Campeonatos de Europa siguientes: en 2009 ganamos en Polonia, en 2011 en Lituania y en 2015 en Francia. Las derrotas son momentos de crecimiento. Pueden hacerte más fuerte o pueden romperte, todo depende de uno mismo. La forma como encaras estos momentos de derrota, de dolor, de frustración, te define como persona, es cuando se descubre de qué pasta estás hecho, cómo eres. Son momentos inevitables, todos pasamos por vivencias adversas y difíciles, pero tu manera de actuar y lo rápido que consigas levantarte determina hasta dónde eres capaz de llegar.

Tienes que aprovechar la adversidad para crecer y alimentar tu deseo de llegar a tus objetivos. Las derrotas, incluso las más dolorosas, no se deben afrontar como un fracaso sino como una oportunidad. Son momentos clave para crecer personal y profesionalmente, y para aprender de los errores. Es cierto que nos duelen, pero ese dolor es lo que tiene que empujarnos a conseguir un desenlace mejor. Una vez digeridas las emociones, el análisis de las causas de la derrota y una reflexión pertinente nos permiten mejorar y progresar.

El éxito convive con la derrota y hay que aprovecharla para madurar. El verano del año 2000, tenía la gran ilusión de ir a mis primeros Juegos Olímpicos con la Selección española, en Sidney. En la preselección nos convocaron en Madrid a unos dieciséis jugadores: doce afortunados formarían parte de la selección absoluta y el resto disputaría el Campeonato de Europa en Macedonia con la Sub-20. Entonces, Lolo Sáinz me dijo que no contaba conmigo, que se llevaba a Juan Carlos Navarro y Raúl López como representantes de nuestra generación, y que Felipe Reyes y yo iríamos a Ohrid a jugar con la Sub-20, donde finalmente ganamos el bronce. Cuando me lo comunicó me llevé una enorme decepción, sobre todo por la ilusión que tenía. Pero aproveché aquel momento de frustración para que al año siguiente no hubiera duda sobre mi presencia entre los doce elegidos.

Conforme vas creciendo, te das cuenta de que la vida es una especie de montaña rusa: a veces estás arriba y otras abajo. En estas diecisiete temporadas en la élite he tenido la suerte de conocerlo casi todo: títulos y finales perdidas, victorias y derrotas sobre la bocina, momentos en un estado de forma excepcional y la frustración de las lesiones... Y digo que he tenido suerte porque gracias a todos los momentos malos —las derrotas, las lesiones, la frustración, la incertidumbre de vivir con rumores de posibles traspasos— he podido valorar y saborear los buenos. En las situaciones difíciles me dan ganas de ponerme a trabajar más duro para salir de ellas. Y me han ayudado a madurar y a crecer como persona y como profesional. Una frase que siempre me gusta tener presente es: «Controla lo que puedas controlar», que viene a decir que no debes perder tiempo ni energía en preocuparte por aquello que está fuera de tu alcance.

Lo mejor es intentar mantener un equilibrio que te ayude a superar los problemas, a relativizarlos, y entender que lo malo no es tan malo ni lo bueno es tan bueno, porque siempre hay un siguiente desafío que preparar. Hay muchos ejemplos de personas que nunca se rinden que dejan una huella indeleble en la sociedad, sea en el deporte de élite o en otras disciplinas, pero tampoco se conforman con los éxitos conseguidos, por muy importantes que sean.

En 2015, con mis compañeros de la Selección española, conseguimos el título del Eurobasket tras una épica semifinal contra Francia, con la que tenemos un largo e intenso historial de rivalidad. Era la favorita para ese torneo, y estábamos en su país y ante 27.000 personas entregadas en un estadio de fútbol de Lille transformado en pabellón de baloncesto. Y después volví a la exigencia de la NBA, donde los resultados no fueron como yo esperaba. Pasé de tocar el cielo con España —tricampeones de Europa y MVP (jugador más valioso)— a cerrar una desalentadora y decepcionante temporada con los Chicago Bulls, en la que no conseguimos meternos en los *playoffs*. Fue decepcionante a nivel de equipo aunque volví a ser All-Star. Pero mi rendimiento no fue suficiente para llegar de nuevo a los *playoffs*. El cambio de entrenador y las lesiones de compañeros importantes en el equipo, entre otros factores que es-

taban fuera de mi control, influyeron en que no consiguié-
ramos los objetivos esperados, aunque no por eso dejé de
dar lo mejor de mí mismo.

Eran dos situaciones muy distintas: jugar un campeonato de internacional con tu selección y reincorporarte al
cabo de diez días a la pretemporada de la NBA con tu equipo, con un cambio de entrenador y con una filosofía diferente. Tuve que cambiar de chip rápidamente, cosa que no
siempre es fácil y requiere un esfuerzo mental considerable,
para meterme en otra dinámica de equipo, con un ambiente y un grupo de compañeros nuevos. En estas situaciones
tienes que centrarte en tu papel y en lo que te pide tu equipo. Ponerte a trabajar casi desde cero, con una temporada
de siete u ocho meses por delante con muchos partidos,
y gestionar la fatiga y el cansancio, también el emocional y
mental, desde el comienzo hasta el final de la temporada,
para que tu cuerpo y tu cabeza aguanten. Si no estás concentrado, si no tienes la disciplina mental necesaria, tu
cuerpo tampoco te acompañará y es cuando tienes más
riesgo de lesiones. Para que os hagáis una idea, la temporada anterior veníamos de perder una serie muy ajustada contra Cleveland en las semifinales de la Conferencia jugando
a un buen nivel; aun así, el equipo decidió prescindir del
contrato del entrenador Tom Thibodeau. Durante el vera-

no llegó Fred Hoiberg, un exjugador de la liga con muy buena reputación que había hecho un excelente trabajo con la Universidad Estatal de Iowa pero que nunca había entrenado a un equipo de la NBA. Inevitablemente, iba a ser necesario un período de transición para que él se adaptara a su puesto, y para que el equipo se ajustara a una filosofía completamente distinta a la del entrenador anterior. Y fue uno de los factores que nos pasó factura esa temporada. Las lesiones de Joakim Noah, Derrick Rose, Nikola Mirotić y Jimmy Butler, incluso la mía al final de temporada, hicieron que el resultado final fuera el que fue.

«Al éxito y al fracaso, esos dos impostores, trátalos siempre con la misma indiferencia», decía el escritor Rudyard Kipling, y lo comparto, aunque no creo que la indiferencia total sea buena. También comparto la afirmación de Michael Jordan cuando dice: «He fallado más de 9.000 tiros en mi carrera. He perdido casi 300 partidos. En 26 ocasiones me han confiado el último tiro del encuentro y he errado. A lo largo de mi vida, no he acertado una y otra vez. Y justamente por eso he tenido éxito». Thomas Edison dijo que él nunca falló, solo descubrió diez mil maneras que no funcionaron. Y cuando algo no funciona es importante averiguar el porqué. En este sentido, las derrotas son una ayuda inmejorable. A veces, una derrota a tiempo puede ser beneficiosa; incluso una sucesión de ellas puede resultar necesaria para corregir algo que estabas haciendo mal.

Las lesiones también. Pese a la dureza de sufrirlas, son oportunidades para luchar y trabajar duro. Raúl López es un gran ejemplo de superación: se rompió dos veces el ligamento cruzado de la rodilla derecha. Por la primera lesión, en 2001, tuvo que estar seis meses parado, y la segunda vez se pasó un año en blanco. Sin embargo, gracias a que trabajó muy duro con un objetivo muy claro, Raúl pudo seguir jugando al baloncesto hasta los treinta y cinco años. También Sergio Asenjo, portero del Villareal, es un ejemplo de esfuerzo. A finales de 2017, volvió a jugar después de estar nueve meses parado a causa de su cuarta rotura del ligamento cruzado anterior, las tres primeras en la rodilla derecha y la última en la izquierda. A pesar de la gravedad de las cuatro lesiones, Asenjo nunca se ha dado por vencido y, gracias a su afán de superación, ha conseguido volver a jugar entre los tres palos y seguir disfrutando del deporte que ama.

Tanto en el deporte de élite como en cualquier ámbito profesional, y también en las diferentes facetas de la vida, las personas que más gloria consiguen son, sin excepción, aquellas que interpretan los fracasos como oportunidades para aprender y reinventarse, para levantarse y volver a intentarlo. Las sociedades más avanzadas valoran el trabajo duro, el esfuerzo y la capacidad de innovar después de tener un fracaso, mucho más que la percepción de infalibilidad.

11

El éxito: con los pies en el suelo

El deporte profesional tiende a alejar de la vida real a los que vivimos y disfrutamos de él. Es algo parecido a un universo paralelo en el que las circunstancias son diferentes y el día a día, por lo general, no guarda ninguna relación con lo que la mayoría de la gente puede considerar normal.

Los contratos millonarios, los hoteles de lujo, la presencia en los medios de comunicación, la gente que te reconoce por la calle… Cuando has conseguido hacerte un hueco en un equipo importante y comienzas a ser conocido, empieza otro partido. Es el final del anonimato, ha nacido el personaje con el que, si te descuidas, puedes terminar confundiéndote. Aquí lo importante es que te quede claro que el personaje no eres tú: es solo una imagen que los demás tienen de ti. Es goloso, pero no es real. La realidad es el lugar donde crecieron tus sueños, tu familia, tus raíces.

Tener los pies en el suelo es fundamental para sobrevivir en la élite. Por mi parte, tengo claro que el baloncesto es una etapa de mi vida y que, un día u otro, mi carrera tocará a su fin. Simplemente poseo un talento que he trabajado y al que me he entregado, y me gano la vida como jugador profesional de baloncesto, un deporte reconocido a nivel público y social. Pero esto se acaba, tiene fecha de caducidad, y debo aprovechar y disfrutar lo que queda de esta etapa. Afortunadamente, he podido dedicarme al baloncesto durante muchos más años de los que hubiera imaginado cuando empecé, y por eso mismo disfruto de este tiempo extra y cuido cualquier detalle para prolongar este privilegio todo lo posible. Hay que tener la cabeza bien amueblada, y la educación que recibes en casa es importante y te da la base y las herramientas para manejar las distintas experiencias y situaciones que te encuentras a lo largo del camino.

Tengo la gran suerte de hacer lo que me gusta, de ganarme la vida con el deporte que me apasiona. Pero soy consciente de que lo único que hago es meter la pelota dentro de una canasta; no soy ni el mejor cirujano del mundo ni el mejor cardiólogo, ni tampoco he ganado un Premio Nobel.

Para tener los pies en el suelo es fundamental conservar tus aficiones, viajar, aprender a canalizar el poder que te ha conferido tu popularidad, y no dejar que el personaje se lleve por delante a la persona que eres. Nadie llega a la cima sin tener carácter. Y el carácter se forja con la constancia y un continuo deseo de aprendizaje.

No puedes dejar que el éxito, el personaje y la fama te cambien como persona. El gran reto o la gran dificultad de los atletas es que a los dieciocho o los veinte años pasan de llevar una vida humilde —incluso sus familias— a ingresar grandes cantidades de dinero, sin ningún tipo de preparación ni formación para gestionarlo. Por eso muchos deportistas no terminan bien, porque no saben gestionar ese vertiginoso cambio. Ganan millones de euros y cuatro años más tarde, después de retirarse, se dan cuenta de que el dinero se ha evaporado. Tienes que recordar siempre de dónde vienes y entender que esto no es para siempre, que es una etapa que pasa y que luego te queda mucha vida por delante. Por eso es conveniente que el deportista sepa, cuanto antes mejor, que necesitará apoyo profesional que le ayude a gestionar debidamente estas condiciones tan excepcionales, para protegerse y evitar un futuro ruinoso. Y también tienes que aprovechar la suerte que has tenido de ganar mucho dinero y una posición social de reconocimiento para hacer cosas que te llenen, y una de ellas es devolver a la sociedad parte de lo que te ha dado. Tengo claro que nadie regala nada, y que las cosas cuestan y hay que ganárselas, pero si hay algo que me reconforta es ayudar a los demás, especialmente a las personas que más lo necesitan. ¡Os animo a hacerlo!

Mi popularidad me dio una oportunidad para llenar el hueco que me quedó cuando tuve que abandonar mis estudios de Medicina. Decidí colaborar con organizaciones que ya estaban haciendo una labor indispensable. En 2001, durante mi primer año en Memphis, trabajé en centros para los más desfavorecidos de la ciudad y participé en lecturas y en programas para reducir la violencia en escuelas e institutos. También fue cuando empecé a colaborar con el hospital Saint Jude, pionero en la investigación y el tratamiento del cáncer infantil. Incluso mi padre trabajó en ese centro de enfermero y mi madre hizo de voluntaria cuando estuvieron en Memphis. Es un hospital de referencia en la especialidad de oncología, donde las familias no pagan un dólar ni por el tratamiento ni por su estancia. Desde 2008, mi hermano Marc y yo somos embajadores del programa Hoops for St. Jude, en el que colaboramos desde el primer día. En ese hospital hemos pasado muchas horas, hemos visitado a muchos pacientes y también hemos llevado a cabo un trabajo que nos llena y que intentamos que tenga un impacto positivo en los niños y en las familias que están luchando por la vida de sus hijos.

Cada año, cuando viajo a Los Ángeles, Chicago y Memphis voy a visitar a los niños en los hospitales pediátricos con los que he colaborado mientras jugaba en esas ciudades. Y ahora también lo hago en San Antonio. Y casi cada verano intentamos ir también al Hospital Sant Joan de Déu en Barcelona. Es parte de mi misión, y una manera de reconocer el indispensable trabajo que se hace en los hospitales infantiles. Con esas visitas, a los niños les das una alegría y una sorpresa, les llenas de buena energía, y esto tiene un efecto muy positivo tanto anímica como emocionalmente. El impacto que produce en ellos es increíble, y en sus padres también. La posibilidad de arrancar una sonrisa a un niño que hace semanas que no sonríe es maravilloso. Y hasta que no lo vives, no te das cuenta de que tienes este poder. Es el poder de las figuras del deporte que cuentan con una gran proyección pública. Ese reconocimiento te permite participar en proyectos que están por encima de ti. Y tienes un impacto que va más allá de tu persona.

Esa es la razón que me ha llevado a colaborar activamente con UNICEF, de la que soy Embajador de Buena Voluntad desde 2003. Con ellos he conocido de primera mano realidades durísimas de asimilar en Sudáfrica, Etiopía, Chad, Angola, Irak y Líbano. Mi propósito es difundir la situación de la infancia en estos países, en los que necesitan de nuestra implicación y generosidad para mejorar sus condiciones. Considero que es necesario que seamos conscientes de lo que sucede en nuestro mundo, porque hay muchas regiones desatendidas e ignoradas y porque existe un desconcertante crecimiento de las desigualdades. Y quizá lo más importante, por humanidad.

De todos mis viajes conservo una poderosa imagen: la sonrisa. Suena a tópico, pero es absolutamente cierto, y así lo he sentido y vivido. La alegría es más fuerte que la desesperación. Los niños que he conocido siempre tenían un motivo para bailar, reír o divertirse. Para simplemente ser niños. Su energía, su optimismo y sus ganas de vivir siempre han sido una fuente de inspiración para mí, y aunque no conozcan otras realidades más allá de su vida, me enorgullece sentir que puedo aportar mi granito de arena y ayudarles a tener una vida mejor.

Todos los veranos intento organizarme para conocer de primera mano países de pobreza extrema o en situación de emergencia humanitaria en los que UNICEF está presente. Mi primer viaje a Sudáfrica, en 2005, fue muy impactante. Visitamos la maternidad de un hospital de Durban. Era una sala muy grande. Cuando entras en un espacio de estas características esperas ver madres, niños y familiares viviendo uno de los acontecimientos más especiales de sus vidas. Pero allí solo había niños y niñas a los que sus madres habían contagiado el virus del sida. Ellas estaban tristes, cuando ese momento debería ser de máxima felicidad. Eran madres desconsoladas que, por desgracia, no habían tenido acceso a un seguro médico ni a las medicinas que habrían podido reducir enormemente la posibilidad de transmitirles el virus a sus hijos. Y aquellas criaturas estaban predestinadas a morir en poco tiempo. Esta vivencia me conmocionó.

Otra cosa que también me impactó en ese viaje fue que los niños de las comunidades que visitamos tenían que caminar kilómetros y kilómetros para ir a la escuela porque no existía ningún medio de transporte. Pero, en medio de tanta pobreza, me sorprendió la generosidad de la gente. Cuando llegamos, nos ofrecieron todo lo que tenían. Nos obsequiaron con comida, aunque eso significaba que luego ellos tendrían menos para comer. Lo más importante para esa gente era darnos una buena y cálida acogida.

Los últimos viajes que he hecho con UNICEF han sido a los campos de refugiados de Irak y a los asentamientos del Líbano. También fueron experiencias duras. Los campos de refugiados están repletos de personas que han tenido que dejar todo lo que tenían y abandonar su país para salvar la vida. Pero la situación en la que se encuentran es muy complicada ya que lo que más desean es volver a casa. De momento viven en asentamientos provisionales en los diferentes países que les han abierto sus fronteras, soñando con una vida mejor y sobreviviendo gracias a la solidaridad de organizaciones como UNICEF, ACNUR y WFP, que les permiten mantener la esperanza de poder regresar a casa algún día. Las familias, sobre todo las que tienen niños, son las más vulnerables. Estos niños están creciendo en condiciones muy alejadas de lo que sería ideal para su desarrollo. El conflicto de Siria y el drama de los refugiados es una tragedia terrible. Ojalá termine pronto.

Precisamente, la colaboración con UNICEF y con los hospitales infantiles me animó a crear en 2013, junto a mi hermano Marc, la Gasol Foundation. Otro sueño cumplido. La fundación tiene como objetivo reducir los índices de obesidad infantil y mejorar los hábitos de salud de los niños y niñas y sus familias. A través de la Gasol Foundation, tengo la oportunidad de seguir trabajando con la infancia, tanto en España como en Estados Unidos, en este caso transmitiendo conocimientos, proporcionando medios, fomentando hábitos saludables que ayuden a los niños y niñas a crecer sanos, y así prevenir múltiples enfermedades derivadas de la falta de actividad física, una mala alimentación, falta de sueño, y favoreciendo un buen equilibrio emocional. Son factores que he tenido la suerte de tener a mi alcance y que aplico en mi vida de forma diaria.

Todas estas experiencias me han dado la perspectiva y el equilibrio necesarios para mantener los pies en el suelo. Y una de las cosas que más valoro es el altavoz que me ha dado el deporte de élite para tener un impacto positivo en la sociedad, sin ignorar la responsabilidad que esto supone.

12

Afrontar la derrota

Las derrotas son parte del deporte y de la vida en general, y aun sabiéndolo me resulta difícil aceptarlas cuando ocurren. Como a cualquier otro deportista, me gusta ganar. Soy muy competitivo. Y me sienta mal perder. Por eso siempre hago todo lo que puedo para no perder y que el equipo gane.

Sí, las derrotas me afectan, pero he conseguido relativizarlas. Con el tiempo he aprendido a llevarlas mejor. No olvidemos que, para crecer, las derrotas tienen que doler, y ese dolor es el que nos empuja a dar el máximo al día siguiente para no volver a cometer los mismos errores y para mejorar nuestro rendimiento y, consecuentemente, el resultado.

Hay partidos que salen mejor y partidos que salen peor. Por el hecho de perder no puedes hundirte. Hay que optimizar la frustración y la decepción de la derrota para que te dé energía y motivación, y así jugar el siguiente partido con más fuerza para conseguir la victoria.

Es evidente que no es lo mismo una derrota en un partido de temporada regular, o de pretemporada, que en una final. Hay partidos y partidos, pero siempre hay que tener una mentalidad competitiva y enfocar las derrotas con el objetivo de aprender y mejorar, de rectificar y crecer, para tener mayor probabilidad de éxito en el siguiente partido.

Cuando experimento una derrota, aprovecho para reflexionar y analizar lo que ha pasado. Las situaciones menos favorables me dan la oportunidad de conocerme mejor y también de aprender qué cosas puedo cambiar para no caer en lo mismo.

Para mí es decisivo hacer un análisis constante de la situación en la que me encuentro: ser consciente de lo que ocurre en tu equipo para poder detectar situaciones o circunstancias que requieran o no de tu intervención puede ser la diferencia entre el éxito y el fracaso.

La lectura también me ayuda en este sentido. Las experiencias de otras personas, de empresas y de equipos deportivos me aportan información que puedo aplicar en mi día a día. Por otra parte, leer me proporciona una paz que da equilibrio a mi vida. Libros como *Mindset. La actitud del éxito*, de Carol S. Dweck; *Drive*, de Daniel H. Pink; *Triggers*, de Marshall Goldsmith; *Good to Great*, de Jim Collins, y *Equipos ideales* de Patrick Lencioni son buenas recomendaciones que os dejo.

Afrontar la derrota en ciertos momentos clave de mi carrera también ha supuesto una cura de humildad. Son momentos que te obligan a reaccionar. En tu mano está levantarte y trabajar duro para mejorar o sentirte mal contigo mismo y quedarte hundido.

Además de la derrota, en la carrera de un deportista hay otros momentos complicados de gestionar: una lesión, un rumor de traspaso, un cambio de entrenador, la presión de los medios de comunicación, situaciones personales que nos afectan a todos por igual (a los deportistas también). Son baches en el camino que forman parte de la profesión y que debes afrontar cuando tienes una posición de responsabilidad. La clave está en ponerlo todo en perspectiva, porque son momentos pasajeros. Hay que valorar lo que de verdad es importante en nuestras vidas y analizar la situación para extraer enseñanzas. Y sacar lo positivo de cada momento.

13

El reto de mantenerse

Como os decía al principio del libro, lo difícil no es llegar sino mantenerse, y son muy pocos los que se han mantenido en lo más alto de su profesión a lo largo de la historia. La mentalidad que debemos adoptar no es conformarse porque ya hemos llegado a un punto determinado, sino aspirar a tener una trayectoria lo más larga posible sintiéndonos orgullosos de nuestra aportación. Y ahí entra en juego el carácter: compromiso, ambición y determinación para alcanzar una trayectoria plena. De esta forma, puedes llegar a tu máximo potencial. Es una manera de aprovechar las oportunidades a las que tenemos acceso.

Una de las claves para mantenerse en lo más alto es conservar la motivación, que es el motor principal para alcanzar el éxito. A mí me ayuda mi espíritu competitivo. Siempre intento ser excepcional en lo que hago, buscar la excelencia en mi campo. No me gusta hacer las cosas a medias, sino siempre lo mejor posible. Soy ambicioso y no me conformo. Siempre tengo otro reto por conseguir.

A veces, esta actitud es un arma de doble filo porque da la impresión de que nunca estás contento con lo que has conseguido, que siempre quieres más y nada es suficiente. Saber decir basta en algún momento también es importante. Es lo que les ocurre a los genios, a los números uno, que son tan perfeccionistas y llegan a un nivel de obsesión y dedicación tal que puede calificarse de enfermizo. Pero si deseas conseguir algo que sea extraordinario y que está al alcance de muy pocos, vas a tener que entregarte en cuerpo y alma. Todo lo que realmente merece la pena y tiene un valor especial costará y requerirá trabajo. Eso debes tenerlo muy claro.

Además de la motivación, para mantenerse en lo más alto también se necesita una buena preparación física. En mi caso, tengo la suerte de contar con un gran equipo terapéutico propio y hacemos un seguimiento continuo. Regularmente realizamos análisis de sangre y de saliva, o pruebas biométricas, para ver si tengo alguna zona muscular más cargada o si necesito ajustar mi suplementación. Esos controles me ayudan a rendir al máximo.

Y Joaquín Juan, mi preparador físico y fisioterapeuta, es una figura clave. Mi relación con él se inició poco antes de los Juegos Olímpicos de Atenas, en 2004, a raíz de una fascitis plantar. Entonces no tenía un fisioterapeuta de confianza en España y él me ayudó a curarla y superarla. A partir de su experiencia en varios clubes deportivos, con ejecutivos de grandes empresas y con algunos de los mejores deportistas —como por ejemplo mis compañeros Raúl López o Jorge Garbajosa—, ha creado un método multidisciplinar de trabajo enfocado a la prevención y recuperación de lesiones. La prevención es esencial para minimizar e intentar limitar a la mínima expresión el número de lesiones, porque todos sabemos que eliminarlas es imposible. A partir de 2008, Joaquín pasó a encargarse también de mi preparación física, gracias al equipo de especialistas en medicina deportiva, sobre todo traumatólogos, que le rodea y que me ayudan a tratar algunos problemas específicos y a llevar de la mejor manera posible el día a día de la liga más exigente del mundo.

En verano se encarga de mi preparación física y durante la temporada me viene a ver cada mes y medio a Estados Unidos durante unos días. A lo largo del año coordina cualquier necesidad médica que pueda tener. Siempre le pido opinión sobre las pruebas que me hago en Estados Unidos o cualquier molestia o lesión. Hace un trabajo transversal y cuida todos los detalles. En la postemporada trabajamos, dependiendo de mis necesidades, ejercicios específicos para las articulaciones que han sufrido más durante la temporada y en mi carrera. Por eso practicamos bicicleta y natación, porque son deportes que aportan trabajo aeróbico de poca cardio y permiten proteger las articulaciones, y eso es muy importante cuando llevas a tus espaldas tantos años de carrera.

Joaquín trabaja mucho con las manos y tiene un talento especial para detectar lesiones. El 2011, en un partido del grupo inicial, tuve un esguince en el tobillo bastante importante y gracias al trabajo de Joaquín pude jugar y ayudar al equipo a ganar nuestro segundo campeonato de Europa. En el europeo de 2015 noté un pinchazo en el gemelo en el calentamiento del partido de octavos de final contra Polonia; casi no podía andar y fui cojeando al vestuario. Una vez más las manos de Joaquín me ayudaron a soltar todo el gemelo, a calentarlo bien y al final pude volver a jugar con cierta normalidad. Durante el resto del campeonato tratamos esa lesión y finalmente ganamos el europeo. Fue una de las victorias más bonitas de mi carrera.

Muchos equipos tienen fisioterapeuta pero, para mí, tener una figura como Joaquín, un profesional que conozca mi cuerpo mejor que nadie, puede ser la diferencia entre ganar un campeonato o no.

En paralelo a la preparación física hay que entrenarse mentalmente. Para ello es conveniente encontrar momentos de relax y practicar técnicas como la meditación *mindfulness*. Saber observar tus sentimientos, ver lo que tienes por delante y ser consciente de cuál es tu estado emocional te ayuda a poner las cosas en perspectiva, a saber en qué momento estás y qué es lo que te hace falta para lograr tus objetivos. Una vez centrado, estarás preparado para hacerlo lo mejor posible al día siguiente.

El *mindfulness* también te ayuda a mejorar la visualización, que consiste en visualizar tu objetivo para que luego se haga realidad. «¿Qué tengo que hacer en el siguiente partido para que no vuelva a pasarnos esto y podamos ganar?», por ejemplo. Es una cuestión de concienciación. Personalmente, me ha ayudado mucho porque te permite comprender el reto que tienes por delante. El entrenamiento mental hay que trabajarlo día a día, y tienes que ajustar tu rutina, tu carga de trabajo, tu alimentación, el descanso, los detalles que son críticos aunque no lo parezcan.

Para mantenerte también tienes que ser consciente del momento en el que te encuentras. Si estás muy cargado debes hacer actividades que te ayuden a desconectar y oxigenarte. A mí me va muy bien estar en contacto con la naturaleza o asistir a una actuación musical. Durante la temporada suelo visitar parques naturales en los que pueda estar tranquilo; me gusta caminar un rato y empaparme de la belleza y la paz que solo puede aportarte la naturaleza. Y si estoy leyendo un libro al aire libre, levanto la vista de vez en cuando y respiro profundamente mientras admiro el paisaje.

La música también me ayuda a desconectar. Intento ir a conciertos en los que pueda estar sentado sin molestar al de atrás, cosa no siempre fácil, pero en general asisto a actuaciones de géneros muy diversos: sinfonías, óperas y conciertos de rock o música más enérgica. El último al que fui en San Antonio era de un artista de rhythm & blues llamado The Weeknd, y aunque no conocía más que tres de sus canciones, simplemente con ver la energía que desprendían él y la gente en el AT&T Center, que además es donde jugamos con los Spurs, pasé un muy buen rato.

El ámbito de la música también reúne a grandes talentos con quienes tengo el placer de tener una buena relación. Con Plácido Domingo me une una fuerte amistad, además de ser alguien a quien admiro. Es un ejemplo de dedicación y posee un talento extraordinario. Con más de setenta años, lleva un ritmo de vida increíble: ofrece conciertos en todo el mundo y tiene un calendario muy apretado. Es una persona que ha encontrado su pasión y le encanta ejercerla. Esa pasión por la música es su motor.

También tengo amistad con otros cantantes. A Rosana la adoro. Aún me acuerdo de cuando escuchaba su primer álbum *Lunas rotas* cuando tenía dieciséis años, y ahora intentamos vernos siempre que podemos. O con Pau Donés, al que he tenido el gustazo de ver en sus últimas dos giras americanas, coincidiendo primero en Chicago y luego en San Antonio. Y también con los hermanos David y José Manuel Muñoz, de Estopa, con los he cantado en directo en varias ocasiones y he compartido muchos momentos desde que nos conocimos hace unos quince años.

Y podría contaros muchas otras historias, pero solo pretendía dar una idea de mi vínculo con el mundo de la música y de lo afortunado que me siento por contar entre mis amistades con artistas maravillosos como Juan Luis Guerra —al que conocí hace algunos años en Madrid y comimos juntos en casa de Antonio Carmona con su familia, en lo que fue un momento muy íntimo y precioso—; por David Bisbal siento una admiración y un cariño especial, y con Enrique Iglesias, además de ser socios en un grupo de restauración en el que tratamos de promocionar nuestra gastronomía más allá de nuestras fronteras, he podido vivir el proceso de composición de nuevas canciones. ¡Qué gran privilegio!

Estos momentos de desconexión son indispensables para mantenerse en lo más alto. ¿Y cómo se encuentra tiempo para descansar en una liga en la que se juegan entre tres y cuatro partidos por semana y se viaja mucho? Pues buscándolo. Tiempo siempre hay. Y aunque estés cansado, es importante llevar a cabo estas actividades de descompresión, que te inspiran, te cargan las pilas y te oxigenan.

De hecho, los descansos son tan importantes como las sesiones de trabajo y los entrenamientos. Durante la temporada tienes que ir buscando estos espacios de relajación, y a veces cuesta desconectar con tanta actividad, tanto movimiento y tanta tensión. Por eso mismo, mayor razón aún para encontrarlos y disfrutarlos. Después de cada temporada, me tomo un mes completo de descanso, dejo que mi cuerpo y mi cabeza se recuperen del desgaste y me obligo a no hacer ningún tipo de entrenamiento durante esos treinta días.

Y para mí, leer también es sinónimo de descompresión mental. Todos los días leo por la mañana, normalmente después de desayunar, y por la noche antes de irme a dormir. Arranco el día leyendo unas páginas y descomprimo hasta cerrar los ojos al final de la jornada. Además del conocimiento que extraigo de cada libro, leer me permite tener más equilibrio dentro del ritmo de vida que llevo, que es de una gran exigencia física, mental y emocional. A través de las lecturas hago mucho análisis, mucha reflexión y, a veces, también meditación, para ver dónde estoy, cómo me encuentro o qué necesito.

Me interesan los libros que teorizan sobre dinámicas de equipo, liderazgo, éxito o gestión del éxito, porque me ayudan sobre todo a refrescar conceptos y valores. Como suelo decir en mis redes sociales: «Siempre leyendo, siempre aprendiendo. Leer es poder». Pero no solo leo libros relacionados con el ámbito profesional. También leo ficción. Me gustan mucho las novelas históricas basadas en hechos reales, como las de Ken Follett, Noah Gordon o Ildefonso Falcones.

Es fundamental encontrar espacios y actividades que nos ayuden a mantener cierto equilibrio en nuestra vida. Ya sea escuchar música, leer, meditar, ver una serie que nos guste, dar un paseo por la playa, jugar al golf... Es tan importante como darlo todo en horas de trabajo y, por supuesto, también pasar tiempo de calidad con nuestras personas más queridas.

CUARTA PARTE

Uno no nace líder

14

¿Qué es el liderazgo?

«La última medida de un hombre no es dónde se encuentra en momentos de comodidad y de conveniencia, sino dónde se encuentra en los momentos de desafío y controversia», dijo Martin Luther King. Para mí, un líder es una persona que asume una responsabilidad y un papel importante o diferencial con el objetivo de que el grupo funcione lo mejor posible y consiga los objetivos marcados, dejando atrás su ego por el bien del equipo.

Pero ¿uno nace o se hace líder? ¿Existen ciertas aptitudes que predisponen a un individuo al liderazgo o bien es algo que se aprende? Hay determinadas aptitudes que favorecen que te conviertas en líder, y la vida va desarrollando tu carácter. Como explica Robin Sharma en su libro *El líder que no tenía cargo*, cualquier persona puede ser líder dentro de su ámbito o en su vida, dentro de su familia, su trabajo, su profesión. Por ejemplo, cuenta el caso de un barrendero, y dice que está en su mano convertirse en el mejor barrendero si se lo propone puesto que todas las personas pueden liderar, sea cual sea su profesión, porque los humanos tenemos las mismas capacidades fundamentales; es una cuestión de actitud. Una persona puede aspirar a ser el mejor dentro de sus circunstancias, y tener un impacto positivo en los demás. «El liderazgo tiene que ver con la excelencia de tu trabajo y tu comportamiento. Se trata de realizar magníficamente tu labor en el puesto que ocupas y estimular a cada una de las personas con las que trabajas y a las que atiendes. No hace falta tener un cargo para ser líder», explica Sharma.

Lo más importante es identificar esa pasión que lleva a la excelencia y hacerla crecer con dedicación y perseverancia, porque cualquier persona puede liderar en su círculo personal o profesional más cercano y debe ser consciente de sus acciones.

Ser líder no significa necesariamente ser el mejor, sino tener el poder de sacar lo mejor de los demás. No estamos hablando de rendimiento ni de números, porque hay jugadores con grandes estadísticas a los que no se considera líderes. El liderazgo consiste en transmitir y establecer confianza entre todos los miembros del colectivo. Es un proceso de influencia en el cual una persona puede estimular la ayuda y el apoyo de otros para la realización de una tarea.

Ello exige un uso inteligente de la autoridad, pero en ningún caso puede convertirse en autoritarismo. En el deporte es fundamental que exista comunicación y entendimiento entre los líderes del equipo con el resto de los jugadores y el cuerpo técnico. Normalmente el entrenador establece una dirección, una identidad, un camino a seguir para llegar a un determinado objetivo, y como jugador sigues la pauta marcada entendiendo que siempre hay margen para cierta flexibilidad, para poder ajustar el rumbo mientras avanzas en el viaje de la temporada. En este sentido, la capacidad de saber escuchar a tus compañeros, tus entrenadores, es crucial para el crecimiento y el buen funcionamiento del grupo.

El estatus de líder lo reconocen los otros, no uno mismo. Siempre son los otros los que perciben esa cualidad y aceptan encomendarse al buen —o mal— hacer de una persona determinada. Y para ello es indispensable ganarse el respeto de los demás. Popovich, en la ceremonia de retirada de camiseta de uno de los jugadores más importantes de la historia de la NBA, Tim Duncan, hizo un comentario que se me quedó grabado: «Gracias por dejarme entrenaros a mi manera», dijo dirigiéndose también a Manu Ginóbili y a Tony Parker, que acompañaron a Duncan en ese momento tan especial. El comentario de Popovich es revelador porque para entender el éxito de los Spurs hay que saber que esos jugadores, considerados como uno de los tríos más importantes de la historia, siguieron el camino marcado por Popovich, aceptaron su filosofía de principio a fin, y eso les ha llevado a ser una de las franquicias con más campeonatos en los últimos veinte años.

Saber que eres una influencia positiva para tus compañeros es muy gratificante. En el partido de semifinales contra Francia en el Eurobasket de 2015, en el que cuajé una actuación personal histórica con cuarenta puntos y once rebotes, sentí esa satisfacción. Pero sin el inmenso trabajo de mis compañeros, de nuestro equipo técnico, de mi fisio y amigo Joaquín Juan, no hubiera sido posible. En aquel partido vencimos a nuestro eterno rival, ganamos la opción de jugar la final y obtuvimos el pase a los Juegos Olímpicos de Río de Janeiro. Sin duda, supuso una enorme recompensa personal y emocional. Uno de los momentos más dulces de mi carrera.

La contrapartida de esa satisfacción es la posibilidad de equivocarte, de cometer errores; el miedo a fallar o a tomar decisiones que comporten que tu equipo no llegue a donde quería llegar. Por esa razón es muy importante saber reconocer que, por muy buenos que seamos, no somos infalibles.

En 2008, cuando los Lakers perdimos en la final contra Boston, Kobe Bryant dijo en el vestuario: «Hemos perdido, es una derrota dura, pero tenemos que absorber este dolor. Tengamos presentes durante todo el verano este sentimiento y esta frustración, y el año próximo iremos a por todas y ganaremos el título». En estos momentos de derrota, en los que nadie quiere hablar y todo el mundo está destrozado, es cuando el líder del equipo entiende la importancia de su intervención.

Así me siento con nuestra selección. No solo hay que querer estar en los momentos de gloria, donde todo son palmaditas en la espalda y elogios; es mucho más importante saber estar en los momentos difíciles y entender que hay que dar la cara. En 2014 perdimos en casa los cuartos de final del Mundial contra Francia. Estábamos destrozados, porque hasta entonces habíamos ganado todos los partidos de forma arrolladora, incluyendo a los franceses en el partido del grupo. Son momentos muy dolorosos en los que tienes que intervenir y dejar claro que un equipo unas veces gana y otras no. Aquella derrota no era lo que queríamos, porque lo habíamos dado todo en la pista. Les dije que teníamos que guardar aquel sentimiento de dolor, de ese modo al año siguiente volveríamos más fuertes y tendríamos la oportunidad de hacerlo bien y ganar. Y así fue en 2015, cuando ganamos en el Eurobasket. A pesar de las ausencias de jugadores importantes, supimos jugar juntos, sufrir juntos y ganar un campeonato muy difícil.

La conclusión que sacas después de vivir una situación como esta es que hay que asumir errores y críticas, convertir los malos momentos en ocasiones que te llenen de energía y fuerza para trabajar con más ímpetu y concentración e ir a por todas en el próximo reto que te marques.

En los Juegos Olímpicos de Londres de 2012 llegamos a las semifinales con Rusia y empezamos el partido muy tensos. Fallamos muchos tiros y solo pudimos anotar treinta puntos al llegar al descanso. Entonces, aprovechando esos quince minutos de respiro, intervine para decirles a mis compañeros que teníamos que olvidarnos de la tensión con la que estábamos jugando y lanzar los tiros con convicción, con la confianza que nos caracterizaba. Es importante saber canalizar la presión para jugar con determinación y sin miedo a perder, sin pensar en fallar, aunque inevitablemente se pierda algún tiro o se cometa un error. En aquella ocasión íbamos perdiendo, pero en la segunda parte supimos darle la vuelta al partido. Terminamos con una victoria que nos condujo a la final, donde estuvimos muy cerca de ganar a Estados Unidos. La intervención de una o varias figuras clave dentro de un equipo suele ser determinante en el resultado conseguido.

Por otra parte, también los hay que se autoproclaman líderes pero carecen de las cualidades necesarias para serlo. El concepto de liderazgo se ha convertido en un mantra absoluto y es un reclamo en cualquier programa universitario o de formación empresarial. Pero puede dar pie a malentendidos y, de forma inconsciente, muchos se autoconvencen de que son líderes sin tener en cuenta la repercusión de sus acciones y decisiones. A veces se nos olvida que lo más importante es adquirir conciencia de las consecuencias que pueden tener nuestras acciones y de la exigencia que supone el rol de líder.

15

Cómo ser un buen líder

Convertirse en un buen líder no es fácil. En primer lugar, hay que recorrer un largo camino de aprendizaje continuo. Es un reto de constancia y esfuerzo, valores que he tenido el privilegio de desarrollar a lo largo de mi carrera y de los que me siento orgulloso.

Empecé a jugar al baloncesto a los siete años. Me gustaba el deporte y se me daba bien. Luego se convirtió en mi pasión. Cuanto más tiempo le dedicas, vas adquiriendo más soltura y te sientes mejor. Y vas descubriendo señales de que tienes un potencial. Ves que vas mejorando y empiezas a ganar confianza y, poco a poco, a soñar en convertirte en un profesional. Qué importante es tener este sueño que te empuja y te motiva, y después, por descontado, entiendes que tendrás que trabajar mucho para alcanzarlo.

Inevitablemente, en el camino encontrarás obstáculos y adversidades, en tu mano está el superarlos. Los buenos líderes son aquellos que, ante la dificultad, la adversidad, la presión, la derrota y el error son capaces de dar un paso adelante y afrontar la responsabilidad. En definitiva, tienen afán de superación.

Y en ocasiones deben tomar decisiones difíciles para garantizar el bienestar del grupo, que muchas veces implican un sacrificio por su parte. Por lo tanto, la capacidad de sacrificio propio es una virtud que hay que tener muy presente. Además de inspirar con el ejemplo, una de las cualidades diferenciadoras es dejar el ego a un lado cuando es necesario.

De los líderes también se espera que sepan identificar y entender el valor de todos los miembros del equipo y hacerlos mejores, reconociendo esa habilidad especial que tiene cada uno y que es de utilidad para el grupo. En un partido de baloncesto puede que no todos los jugadores salgan a la pista; es más, en una plantilla de doce hay dos o tres que, normalmente, no disputan ni un solo segundo.

Como en otros deportes, en el baloncesto hay buenos jugadores y grandes jugadores. Y estos últimos son los que saben sacar lo mejor de los demás. Uno de los más grandes es Michael Jordan, un referente para mí, que me ha servido de inspiración a lo largo de mi vida. Pero incluso él, prácticamente imbatible a nivel individual, entendió que sin la contribución de sus compañeros no podría ganar el campeonato. De ahí que el papel de Phil Jackson fuera determinante para que los Bulls ganaran seis campeonatos en la década de los noventa. Jordan era mi gran ídolo. De pequeño tenía pósteres suyos en las paredes en mi habitación y soñaba con jugar algún día en la NBA. Qué suerte la mía no solo haber conseguido realizar ese sueño, sino que también pude jugar contra él en su última etapa en los Wizards de Washington.

Un líder debe buscar fuentes de inspiración, ser capaz de motivarse y tener como referencia a personas a las que admire, dentro o fuera del deporte, que le den energía y fuerza. Por ejemplo, para mí, Rafa Nadal es una fuente de motivación e inspiración porque ha conseguido llegar a ser el número uno del tenis mundial, se ha sobrepuesto a momentos de adversidad y, a día de hoy, sigue siendo uno de los mejores jugadores del mundo. Otro ejemplo es mi hermano Marc. Durante años ha trabajado con gran esfuerzo y dedicación, y todo ese sacrificio se ha traducido en unos extraordinarios resultados: ha llegado a un altísimo nivel y se ha convertido en uno de los mejores pívots del mundo. Igual que yo tomé la decisión de irme a jugar a la NBA, Marc, con dieciocho años, dejó a su familia en Estados Unidos y volvió a Barcelona para emprender su propio camino. Ha luchado para tener su propia identidad, con mucha disciplina y metodología. Su historia también es muy inspiradora para mí y me llena de orgullo.

También me han inspirado otras personas que no están directamente relacionadas con el baloncesto pero que han liderado grandes movimientos que han comportado un cambio. Nelson Mandela es una de ellas, por su convicción y su sacrificio individual, por su lucha contra el *apartheid* en Sudáfrica, por ser capaz de inspirar al mundo y cambiar la historia de su país.

Gandhi también ha sido para mí una figura inspiradora. Gracias a su sacrificio personal, cambió la historia de una nación y sirvió de ejemplo a muchos movimientos por los derechos civiles y la libertad en todo el mundo.

En un ámbito más cercano también hay personas que me sirven de inspiración. Es el caso del cardiólogo Valentí Fuster, con el que tengo la suerte de mantener una estrecha relación. Le tengo un respeto y una admiración enormes, porque para mí es un ejemplo a seguir y me motiva. Además, contamos con su presencia en el patronato de la Gasol Foundation y compartimos proyectos destinados a mejorar la calidad de vida de los niños y niñas.

Pero a veces no es necesario ser alguien con una trayectoria dilatada y consolidada para inspirar a los demás. Basta con tener claro lo que quieres y saber transmitirlo. Es el caso del jovencísimo atleta Ezra Frech, de trece años, al que conocí a través del programa *Good Morning America*. Ezra lleva una prótesis en la pierna y tiene un brazo sin desarrollar a causa de una enfermedad genética. Pero esta discapacidad no le ha impedido dedicar su vida a los deportes: baloncesto, béisbol, fútbol, fútbol americano y, desde hace unos años, atletismo. Ahora se está preparando para participar en los Special Olympics y ser el mejor del mundo. Su lema es: «You can dream it, you can hope for it, or you can make it happen» («Puedes soñarlo, puedes esperarlo o puedes hacerlo realidad»). Tiene una mentalidad de superación ejemplar y es una persona que desprende una vitalidad y una energía increíbles. También es muy competitivo: cuando lo conocí, con ocho años, ya quería ganarme. ¡Le gusta ganar más que a mí!

Y, por supuesto, busco inspiración en mis lecturas. He leído muchos libros que contienen testimonios de personas y que explican cómo alcanzar el éxito dentro de una empresa, o qué diferencia a los números uno del resto, como Steve Jobs, Jim Collins y Robert Greene, entre otros. Y de los más recientes, me ha interesado mucho *Legacy*, de James Kerr, donde profundiza en el legendario equipo de rugby de Nueva Zelanda, los All Blacks, y revela las prácticas que han contribuido a su éxito.

16

Tipos de liderazgo

En el deporte, y en la sociedad en general, encontramos dos tipos de líderes: los emocionales y los de acción. Los líderes emocionales intervienen anímica y verbalmente en los momentos en que el equipo lo necesita, le dan un impulso para que no se venga abajo o para que gane fuerza y confianza. Normalmente, en el ámbito del deporte este tipo de liderazgo lo encarna el entrenador, pues dirige a los jugadores y debe saber gestionar los momentos críticos dentro de un partido.

Este tipo de líderes saben cómo motivar al equipo y sacar lo mejor de cada jugador para conseguir el objetivo marcado. Para ello es indispensable tener inteligencia emocional. El buen líder emocional es capaz de entender a las personas que le rodean. Conoce las motivaciones de su equipo, detecta las debilidades de cada uno, para minimizarlas, y sus fortalezas, para desarrollarlas. En este sentido, Phil Jackson en los Lakers encajaba perfectamente con esta figura. Pero en ese equipo también había un jugador que asumía el rol de líder emocional: Derek Fisher. Recuerdo el sexto partido de la final de la Conferencia Oeste de 2010, contra los Denver Nuggets. Íbamos tres a dos y había mucho cansancio. A pocos minutos de que concluyera aquel partido decisivo, Derek se dirigió a nosotros en un tiempo muerto y nos dijo que teníamos que encontrar la energía en nuestro interior, hacer un esfuerzo más y ganar ese partido. Fue un momento de conexión colectiva. Sus palabras, invitándonos a «*dig deep*», a sacar lo mejor de nosotros mismos en ese último esfuerzo, tuvieron efecto: nos despertaron una fuerza y un espíritu de unión que nos ayudaron a ganar el partido y la final.

Además, estos líderes tienen que controlar sus propias emociones, canalizarlas y dar prioridad al estado emocional del equipo, independientemente de cómo se sientan. Saben sobreponerse, aunque no les apetezca y tienen claro lo que el equipo necesita. Una de las cosas que destacaba Phil Jackson era el valor de la empatía. Es importante ser empático para reconocer el sentimiento de los otros y conectar con ellos. La sensibilidad y la empatía son claves en este sentido. En los Spurs, el líder emocional es Popovich. Como él llena este espacio, los jugadores debemos liderar con nuestras acciones y comportamiento, y saber cuándo debemos intervenir y cuándo no. Si juegas con un equipo con la veteranía de los Spurs, debes ser flexible y amoldarte.

En el lado opuesto están los líderes de acción. En el caso de los Lakers, era Kobe Bryant quien asumía este rol. Son jugadores que lideran con su rendimiento. No son personas que se sientan cómodas verbalizando sus emociones, pero son capaces de demostrar su liderazgo mediante su determinación, esfuerzo, capacidad de trabajo y rendimiento. Tienen una serie de capacidades que inspiran a todos sus compañeros. Kobe lideraba con su juego, sus acciones y su metodología de trabajo, con una disciplina y una entrega ejemplares, y en la pista exigía el máximo al resto de jugadores. Hay personas que transforman su liderazgo en acción. Es importante reconocer los liderazgos para detectar qué es necesario para el mejor funcionamiento del grupo.

En los Lakers, dentro de la pista, ejercí más como un líder de acción, dejando el liderazgo emocional a dos figuras de una enorme presencia: Derek Fisher y Phil Jackson. Pero fuera de la pista sí que me diferencié por gestionar los momentos de tensión y adversidad del equipo ante los medios de comunicación. Estábamos sometidos a una gran presión mediática, porque cuando las cosas van bien no hay ningún problema en salir y hablar con los medios en nombre de todo el equipo, pero cuando las cosas no van como uno espera, es bastante complicado, incluso se dan situaciones desagradables. Después de las dos temporadas en las que ganamos el anillo de campeones, empezó una etapa muy intensa en la cual el equipo no estuvo al mismo nivel por un cúmulo de circunstancias, y para mí empezó un período de continuos rumores respecto a los traspasos. Es complicado gestionar las emociones con tanta incertidumbre, pero entendí que era parte de mi trabajo afrontar la realidad respetando siempre el papel de los medios, pues los periodistas también soportan la presión de las empresas para las que trabajan.

Años más tarde, en 2015, en mi primer año con los Bulls, recibí el Magic Johnson Award al jugador más atento con los medios. Es un premio que otorgan los periodistas que cubren la NBA a los jugadores que tienen buen trato con los medios y el público.

No solo se es, o se puede ser, líder dentro del ámbito profesional, sino también en otros ámbitos de la vida, por ejemplo en un grupo de amigos o dentro de la familia.

En resumen, no existe una sola forma de liderazgo. Kobe Bryant y Derek Fisher, Leo Messi y Cristiano Ronaldo, Angela Merkel y Barack Obama... La lista es muy larga y, al margen de la opinión que tengamos de uno u otro, de lo que no hay duda es de que son líderes con distintas maneras de liderar.

17

La responsabilidad del líder

Todo el mundo tiene la capacidad de liderar en menor o mayor grado, y lo que diferencia a un líder de otro es el impacto que tiene sobre su entorno. Hay personas que no saben o no son del todo conscientes de sus acciones y del efecto que pueden tener en los demás. Por ejemplo, las decisiones de un político o un empresario son críticas porque afectan en gran medida a la sociedad. También en el sector sanitario se puede tener mucho impacto, por ejemplo si la investigación para la cura de una enfermedad termina en éxito.

Para mí, ser consciente del impacto que tengo con mis acciones y mi comportamiento es indispensable, sobre todo si afecta a las personas a las que quiero, pero también a las que me siguen y me admiran. Si puedo transmitir un mensaje, o una idea, y gracias a ello cambia la vida de una persona, me doy por satisfecho porque he conseguido influenciar aunque solo sea a un individuo. Por esto es importante dar ejemplo con tus acciones más allá del impacto que puedas tener dentro de la pista. El liderazgo es compromiso dentro y fuera de la cancha.

En el caso de los niños, es increíble el efecto que tenemos como referentes. Y me siento muy afortunado. Recuerdo que cuando era pequeño vino Steve Trumbo, un estadounidense que jugaba en el Barça, a la escuela Llor de Sant Boi, donde estudiaba, y fue todo un acontecimiento. Jamás olvidaré el momento en el que Trumbo se paró delante de mí y me firmó un autógrafo. Después, unos ocho años más tarde, justamente tuve a Trumbo como entrenador ayudante en el Barça. Cuando eres un niño y, tímidamente, te acercas a un jugador profesional para pedirle un autógrafo, es de agradecer que te reciba con amabilidad y una sonrisa. Así es como me gusta comportarme desde que empecé a despertar la admiración del público, mostrando agradecimiento y respeto por la gente, sobre todo con los más pequeños.

Ser un líder con gran capacidad de impacto te permite llevar a cabo acciones más allá de tu ámbito de actuación y tener una gran repercusión. En mi caso, mi colaboración con UNICEF me ha permitido hacer de altavoz para concienciar a más gente sobre las situaciones de pobreza extrema y las emergencias humanitarias que afectan a millones de niños en el mundo y ante las cuales no podemos quedarnos de brazos cruzados. Todas mis iniciativas solidarias tienen un doble objetivo: el primero es ayudar a las personas afectadas pero, a la vez, dar a conocer su realidad para que puedan recibir la ayuda que necesitan.

De hecho, hay muchos deportistas profesionales que, aprovechando el impacto que tienen como líderes, se involucran en acciones solidarias y sirven de inspiración para otras personas. Por ejemplo, el tenista Andre Agassi creó su fundación, cuyo objetivo es ofrecer a los niños una educación de calidad, basada en conceptos como responsabilidad, cohesión, esfuerzo y sentido común, valores que empleó durante toda su carrera. Gracias a La Andre Agassi Foundation, con la colaboración del inversor inmobiliario Bobby Turner, ha creado una red de escuelas reconocidas por las instituciones gubernamentales, que ofrecen los programas básicos de educación estatal con unos métodos más inclusivos, completos y prácticos, aportando un valor añadido a la educación infantil.

También hay empresarios que han sabido aprovechar su impacto para favorecer a los más necesitados. Es el caso de Bill Gates con su Fundación Bill y Melinda Gates, que promueve campañas de prevención del sida, la tuberculosis, la malaria y de erradicación de la polio, en países donde estas enfermedades causan un gran número de muertes, sobre todo entre la población infantil.

En mi caso, a través de la Gasol Foundation, junto con mi hermano y todo nuestro equipo, estamos trabajando en España y Estados Unidos para combatir la obesidad infantil con un enfoque holístico sustentado en cuatro pilares: la alimentación saludable, la actividad física, el bienestar emocional y el descanso.

El liderazgo implica una gran responsabilidad que va más allá del propio individuo: eres líder cuando tus acciones repercuten en mayor o menor grado en los demás y, por tanto, tienen cierto impacto sobre la consecución de resultados colectivos.

Para una persona que asume una posición de responsabilidad, una de las cosas más difíciles es reconocer que se ha equivocado y no dejar que el ego interfiera en su próxima decisión. En el deporte, también a nivel profesional, se parte del hecho de que algunas veces se gana y otras se pierde. Incluso los mejores equipos de la historia saben lo que significa perder. El deporte es un gran maestro para aprender a lidiar con la victoria y la derrota.

Un líder tiene que estar presente en cada situación, todos los días, y siempre siendo consciente de cuál es su papel. Se identifica con su trabajo diario, sobre todo cuando las cosas no van bien. Los líderes excepcionales son aquellos capaces de gestionar las situaciones más polémicas, conflictivas, difíciles, etc. Esto es lo que les diferencia claramente del resto. No solo están en los momentos de éxito, o cuando las cosas van bien, sino que saben sobresalir en los momentos más bajos. De hecho, un buen líder es aquel que en los momentos de éxito asume menos protagonismo y, en los períodos de adversidad, donde realmente es necesaria su aportación, sabe estar presente y asumir su rol.

Mi entrenador Popovich utiliza mucho esta frase: «Ganamos juntos y perdemos juntos». Porque no gana un jugador, gana el equipo. Y cuando perdemos, también perdemos juntos. En los momentos de derrota es cuando más insiste en esto, porque a veces es posible caer en la tentación de señalar a alguien, o a uno mismo. Si eres un jugador exigente, no es raro que te culpabilices: «si hubiera hecho eso», «si no la hubiera fallado», «si hubiese cogido ese rebote»... Es muy importante tener esta percepción de equipo: ganamos juntos y perdemos juntos.

He tenido la suerte de aprender de grandes entrenadores: Aíto García Reneses, Pepu Hernández, Sergio Scariolo, Hubie Brown, Phil Jackson, Tom Thibodeau, mi actual entrenador Gregg Popovich, entre los más destacados. Son personas que han liderado durante muchísimos años, y todos poseen un carácter con niveles de exigencia máximos. Probablemente, lo que les ha hecho mantenerse tanto tiempo en la élite de su profesión es su capacidad para gestionar a sus jugadores y a sus entrenadores ayudantes, así como su habilidad en el manejo de ambiciones y egos, anteponiendo los principios y valores del equipo a los suyos propios, destacando por su sentido de la ecuanimidad y considerando el bien común siempre por encima del individual.

QUINTA PARTE

Las claves del liderazgo SMART

Como os he ido contando, a lo largo de mi carrera profesional he vivido una serie de situaciones —victorias, derrotas, traspasos, etc.— que me han permitido entender el liderazgo desde una óptica propia. Las claves de mi forma de entender el liderazgo las resumo en el modelo SMART, sigla que proviene de *Step up, Manage success, Accept decisions, Remain an example, Tell your vision.*

Step up, dar un paso al frente, es un concepto que tiene que ver con el hecho de estar preparado para subir el siguiente escalón y con la necesidad de superar las adversidades cuando tu equipo lo necesita.

Manage success consiste en saber gestionar el éxito manteniendo los pies en el suelo.

Accept decisions se refiere a la toma de decisiones y aceptar sus consecuencias.

Remain an example incide en que toda acción de un líder repercute en los demás.

Tell your vision significa tener y comunicar una visión, compartirla con el grupo.

Estas cinco claves del liderazgo llevan a un objetivo común: empoderar a las personas. Esta es la principal responsabilidad del líder a la hora de transmitir su legado y crear nuevos líderes.

18

Asumir el liderazgo
(*Step up*)

El liderazgo tiene mucho que ver con la responsabilidad, la capacidad de tomar la iniciativa y dar un paso al frente. Como líder, tienes una responsabilidad con tu equipo, tus seguidores y la sociedad en general, y has de estar preparado para tomar decisiones difíciles, jugarte el último tiro del partido o encontrar al compañero que esté solo para que lo tire él. En definitiva, saber gestionar tanto el acierto como el fallo en tus acciones.

El miedo es algo que nos aleja a menudo de esta posición de liderazgo. Miedo a alguien, miedo a fallar o a perder un balón, miedo sobre todo al error. ¿Y si pierdo el balón? ¿Y si fallo el tiro?

La realidad es que nuestros miedos nos impiden ser mejores, nos atenazan y evitan que demos la mejor versión de nosotros mismos. El miedo influye en el buen funcionamiento de las personas. Gregg Popovich siempre dice que hay que tener «la justa cantidad de miedo y de respeto a los contrincantes», así se consigue tener el grado justo de presión, tensión y adrenalina para jugar. Porque tampoco es bueno no tener miedo de nada, o perder el respeto a las decisiones y las situaciones. Debemos tener la cantidad justa de respeto para que no te limite o te bloquee de cara a conseguir tus objetivos. El miedo no puede condicionar tus decisiones y tus actos.

Es necesario perder el miedo al error. En Estados Unidos, el fracaso es algo natural: uno puede emprender, fracasar y volver a intentarlo. Lo importante es aprender de la experiencia, pero no supone un desaliento. En cambio, en España la gente no emprende por oportunidad sino por necesidad. No lidera proyectos porque tiene miedo al fracaso. Y justamente los expertos de Silicon Valley explican que el secreto para que triunfe una *startup* es hacer muchos experimentos para validar hipótesis (el modelo *lean startup*), y perder el miedo a equivocarse y a fracasar. Las personas no son recordadas por el número de veces que fracasan, sino por el número de veces que tienen éxito.

Las dudas también son parte de la vida de cualquier líder. Si no tienes dudas, significa que no te enfrentas a la toma de decisiones. Tener dudas es incómodo. De hecho, muchas personas evitan estas situaciones porque les generan ansiedad. Los líderes las afrontan de cara, se enfrentan a lo desconocido, aprenden sobre la marcha y prueban cosas nuevas. Para mí, la clave es comprender que es normal tener dudas, pero debemos encontrar el valor para afrontarlas y dar un paso adelante.

Para resolver las dudas, siempre viene bien rodearte de un buen equipo, de buenos compañeros, con los que compartir tus pensamientos y a los que pedir su opinión. No solo en el ámbito del baloncesto, también en otros aspectos de tu vida. Lo importante es tener la humildad de aceptar que no lo sabemos todo, no somos expertos en todo, y que es bueno pedir consejo, escuchar y preguntar a personas que están más familiarizadas con el tema en cuestión. Por ejemplo, dentro del mundo de los entrenadores, no todos tienen el mismo nivel de conocimientos en determinadas filosofías o estilos de juego: hay técnicos especializados en el ataque, otros que se centran más en el juego defensivo, etc. Cada persona del *staff* técnico suele aportar una cualidad exclusiva dentro del grupo para que el entrenador pueda recurrir a él cuando lo necesite. Esto demuestra la importancia de aceptar que nadie lo sabe todo y que debes rodearte de personas que tengan un gran conocimiento específico, para que te aporten valor cuando lo necesites.

Clayton M. Christensen, profesor de Harvard y autor de *The Innovator's Dilemma* y *The Innovator's Solution*, entre otros, explica que un líder tiene que tener la humildad necesaria para aprender de los demás. En un artículo publicado en la revista *Forbes*, apunta: «La humildad no es menospreciarse, sino creer que podemos aprender cosas importantes de los demás. Solo las personas que tienen una autoestima fuerte pueden ser humildes y aprender de los demás. La baja autoestima crea arrogancia, lo que limita la capacidad de las personas para aprender».

El buen entrenador, como líder del equipo, también sabe escuchar. Es consciente de que la perspectiva del jugador es diferente a la suya, por eso pregunta a los demás su opinión y su punto de vista. Esto es importante para que el grupo se sienta parte de la estrategia de la que participa. En mi caso, como además de ser un gran estudioso del juego llevo unos cuantos años jugando a esto de encestar la pelota en la canasta, muchos compañeros suelen pedirme consejo sobre la estrategia de los contrincantes a los que vamos a enfrentarnos. Es gratificante sentir que tu opinión es valorada.

Asumir el liderazgo también supone tener un objetivo claro y compartido con el grupo. Uno de los principios que desarrolla Jim Collins en su libro *Good to Great* es el concepto «First who, then what», que significa que primero tienes que crear el equipo y luego, entre todos, establecer un objetivo claro y compartido. Normalmente las organizaciones suelen plantearlo al revés: primero qué y luego con quién. Pero Collins analizó una serie de empresas de éxito y vio que habían establecido primero el quién y luego el qué. Daban prioridad a las personas, al equipo directivo; es decir, priorizaban la configuración del equipo y, después, marcaban la estrategia.

19

Gestionar el éxito
(*Manage success*)

Existen múltiples definiciones que intentan delimitar qué cualidades debe tener un buen líder. Muchas hablan del carisma y la capacidad de persuasión como rasgos clave para el liderazgo. No obstante, creo que todo se resume en un principio básico: para ser un buen líder hay que tener un carácter determinado, y esto implica disponer de un sistema de valores en el que la tolerancia, la responsabilidad, la entrega, la humildad, la honestidad y el compromiso desempeñan un papel muy importante.

A estas cualidades personales se le unen las habilidades sociales; es decir, aquellas que garantizan el éxito en la relación con los demás. Entre estas destacan: la capacidad de comunicación, la escucha activa, etc. Pero, sin duda, si hay una habilidad que considero clave es la empatía, aunque actualmente existen múltiples evidencias de que no está muy extendida.

La empatía es la capacidad de ponerse en la piel de los demás, tratar de comprender qué pasa por su mente, cómo se sienten y por qué actúan de una forma concreta. La empatía no es ni compasión ni caridad. Por mucho que tu posición te coloque al frente de un equipo, de una empresa o, en general, de cualquier grupo humano, debes ser capaz de entender a los que tienes a tu alrededor para poder liderar con éxito. Ponerte en su lugar te permite entender cómo piensan y por qué actúan de la forma que lo hacen. De esta manera, puedes comprender cuál es el mejor modo de influir sobre ese colectivo.

También es necesario transmitir autenticidad, emoción y pasión. Que la persona que te escucha se sienta atraída por tu relato, por la ilusión que proyectas, y descubra un mensaje inspirador que le ayude en su día a día. La autenticidad es importante para generar credibilidad: hablar con confianza, con conocimiento de causa, que se note que crees plenamente en lo que estás diciendo. No hay que tener grandes dotes de comunicador, simplemente debes creer en lo que explicas y transmitirlo de forma auténtica y sincera.

Dependiendo del grupo o de la persona, la estrategia de persuasión varía, y saber leer cuál es la más adecuada garantiza el éxito o el fracaso de un líder. Hay personas o equipos a los que les mueven los retos; en cambio, otros prefieren guiarse por el ejemplo de ciertas acciones que han resultado exitosas.

Para mí, Phil Jackson ha sido uno de los mejores directores de equipo. Como entrenador, una de sus cualidades más destacables era la gestión de personas, en este caso de deportistas de élite, con sus diferencias culturales, sus maneras de ser, sus egos, etc. Él era un genio en este sentido. Sacaba lo mejor de cada uno y a la vez conseguía que los jugadores cumplieran su papel dentro del equipo para que funcionara de la mejor manera posible.

Para ejemplificarlo, Phil Jackson explicaba la historia de los jinetes que compiten en las carreras de caballos: cada caballo requiere un estímulo diferente para que dé lo mejor de sí y corra al máximo. Con algunos caballos hay que emplear la fusta con fuerza; con otros tienes que clavar los talones a los lados, y los hay que solo con un golpe de las riendas o con ruidos bucales es suficiente. Lo que hacía Phil Jackson era identificar qué tipo de caballo éramos cada uno de nosotros. Es decir, analizaba qué clase de jugador eras, qué te motivaba, cómo podía hacerte reaccionar en momentos clave para sacar de ti lo que el equipo necesitara. Este análisis, junto a su enorme conocimiento sobre baloncesto, era un requisito básico para entrenar y dirigir a jugadores de equipos como, primero los Bulls de Chicago de Scottie Pippen y Michael Jordan; después los Lakers de Shaquille O'Neal y Kobe Bryant, terminando con mis primeros años con el mismo equipo angelino. Phil Jackson ejerció un liderazgo basado en la gestión de personas y el trabajo en equipo, e identificó de una forma muy cerebral el papel que debía desarrollar cada uno de sus jugadores.

Pero no se trata solamente de empatizar, un líder también debe tener la humildad suficiente para aprender de la gente que tiene a su alrededor. Aprender supone estar constantemente abierto a la incorporación de nuevas ideas que pueden llegar de ámbitos muy distintos. En verano de 2016 asistí a un curso en la Universidad de Harvard en el que se analizaban casos de éxito empresarial relacionados con negocios de entretenimiento, medios de comunicación y deportes. Tenía como profesora a Anita Elberse, experta líder en estos sectores y autora de *Superventas: Por qué el futuro de la industria del entretenimiento pasa por asumir riesgos e intentar crear productos superventas*. Fue una experiencia muy enriquecedora y un estímulo para mi formación. Aprendí mucho y conocí a personas que tenían un deseo similar o igual al mío. Las sesiones eran inclusivas y participativas. El curso, en el que también han participado Gerard Piqué, Dywane Wade, Chris Bosch, Andy Roddick, Kaká, Van der Sar o Lidsey Vonn, tenía como objetivo transmitir unos mensajes y unos valores que luego podías aplicar a tus proyectos. Fue un curso inspirador. Cuando tienes ganas de aprender, los resultados acaban llegando. Si eres una persona cómoda y conformista, te quedas donde estás y no evolucionas.

Cuanto más rico sea el entorno relacional y social en el que nos movemos, mayor será el acceso a conocimientos de ámbitos distintos. Esto te permite tener un impacto real más allá de tu propio ámbito. La vida es un viaje de aprendizaje continuo, no os digo nada nuevo con esto. Pero pensad, ¿cuáles son las mejores empresas? Las que no cesan en su empeño por innovar, las que no se conforman con un producto, por muy bueno que sea, sino que ya están pensando en el siguiente. Las que convierten la innovación en su día a día, en parte de su ADN. Las personas crecen aprendiendo. Las empresas crecen innovando. Un ejemplo es Amazon: empezó vendiendo libros y ahora hasta produce películas, y su fundador, Jeff Bezos, se ha convertido en la persona más rica del mundo.

Cuando un líder decide que ya lo sabe todo, que ya ha llegado hasta donde podía llegar, existe cierto riesgo de que caiga en lo que se conoce como la «soledad del líder», es decir, pensar que es el mejor y que ya no tiene que aprender nada más. Pero es justamente lo contrario: para seguir siendo el mejor, hay que seguir conectado con la sociedad, con la gente, con todo lo que nos rodea. Dejarse ir es lo fácil, vivir alejado de todo, por autodefensa incluso, por cansancio, por inercia. Mientras mantengamos la ilusión por seguir creciendo continuaremos avanzando por el buen camino.

20

Tomar decisiones y aceptar sus consecuencias
(Accept decisions)

La toma de decisiones es probablemente uno de los procesos más difíciles a los que nos enfrentamos como seres humanos. Tomar decisiones implica hacer cambios en nuestra vida, variar nuestra rutina, aquello que nos ayuda a sentirnos cómodos. A la vez, supone una renuncia: la elección de una opción a favor de otra de la que, a priori, no tenemos ninguna certeza.

Muchas veces el error está en pensar que hay decisiones buenas o malas, acertadas o incorrectas. Cuando tomamos decisiones nos enfrentamos a situaciones que muchas veces no tienen una solución única o correcta. Simplemente, optar por una opción u otra conllevará resultados distintos, sin que esto implique que nuestra elección haya sido errónea.

El enfoque de estas situaciones determina en gran medida el resultado final. A veces, esta incertidumbre nos lleva a afrontar los procesos de decisión como amenazas, e incluso pueden hacernos dudar de nuestras propias habilidades para superarlas.

Afrontar este proceso como una oportunidad de crecimiento comporta grandes ventajas. Supone enfocar el cambio como un reto, tener confianza en las capacidades propias y estar dispuesto a sacrificarte y esforzarte para lograr tu objetivo. Por lo tanto, mantener una actitud positiva es clave.

El entorno también condiciona la toma de decisiones: un entorno favorable a una u otra alternativa puede hacer que la balanza se incline hacia un lado concreto. Por ejemplo, cuando decidí irme a la NBA había gente que creía que me equivocaba y que me precipitaba escogiendo esta opción. A veces hay cambios de dirección inesperados, pero tienes que afrontarlos lo antes posible e ir a por todas. En este caso, todas aquellas personas que decían que no estaba preparado, y que volvería el año siguiente después de fracasar, me dieron aún más motivación para hacerlo mejor. Trabajé y di todo lo que pude para triunfar. Siempre he utilizado la negatividad, las dudas y la crítica externa como elementos motivadores, como gasolina para hacer frente a determinadas situaciones. Canalicé la negatividad que surgió en aquel momento y demostré que se equivocaban. No siempre tus decisiones serán aplaudidas por tu entorno, pero tienes que estar convencido de los motivos que te llevan a ellas y confiar en tu determinación.

Tienes que aprovechar estos retos y oportunidades que te da la vida, y no siempre aparecen cuando lo tenías planificado. Esto se puede extrapolar a muchas situaciones: una promoción dentro de una empresa, una situación familiar complicada, un diagnóstico de una enfermedad grave... ¿Cómo afronto esta nueva situación? Sin duda, hay que hacer todo lo posible para superarla y salir adelante, y creo sinceramente que con un enfoque positivo tienes más opciones de hacerlo con éxito.

«A un hombre le pueden robar todo menos una cosa, la última de las libertades del ser humano, la elección de su propia actitud ante cualquier tipo de circunstancias, la elección del propio camino», afirma Viktor Frankl en su célebre libro *El hombre en busca de sentido*, fruto de su experiencia personal en Auschwitz y de su reflexión sobre la dramática supervivencia en los campos de exterminio, donde vio como incluso en las condiciones más extremas de deshumanización y sufrimiento, el individuo puede encontrar una razón para vivir, basada en su dimensión espiritual. Y esta idea tan profunda se puede extrapolar a otras situaciones de la vida. Puedes controlar lo que está en tu mano, hacerlo lo mejor posible y salir adelante. A pesar de las adversidades que te puedas encontrar, al final tu rendimiento, tu comportamiento, depende de ti. Y los grandes profesionales no buscan excusas; buscan soluciones, las ejecutan y las llevan a cabo.

Como decía antes, tenemos que saber escuchar y dejarnos aconsejar, sin duda. Pero la decisión final siempre recae en uno mismo, y aquí es precisamente donde se demuestra el liderazgo, cuando tomas la iniciativa en las situaciones que te incumben. La experiencia siempre es un grado. Comparar una situación con otra que has vivido con anterioridad y aprender de lo que hiciste bien, y también de los errores que cometiste, te permite gestionarlo de forma satisfactoria.

En la toma de decisiones hay que valorar los pros y los contras de cada una de las alternativas, y considerar si tu elección afecta a las personas que tienes alrededor. Una vez hecho este análisis, debes decidir la opción con la que te sientas más cómodo. Cuando las decisiones tienen un impacto social importante, debes medir bien las consecuencias y procurar que aquel sea siempre positivo. Obviamente, será difícil que tu decisión sea del agrado de todo el mundo, pero a la hora de tomarla siempre puedes apoyarte en tus valores y pensar en el bien común. Algo que siempre tengo presente es que no tomar una decisión ya es de por sí una decisión, y lo único que se consigue es retrasar que lleguemos a nuestro objetivo. No soy partidario de tomar decisiones con prisas, pero tampoco de posponerlas más de lo necesario, ya que esto nos provocará cierto malestar y lo único que se consigue es demorar lo inevitable.

21

Liderar con el ejemplo
(*Remain an example*)

Para mí, un líder es un referente, alguien apreciado y reconocido por los demás por sus cualidades, sus valores, su honestidad y su comportamiento ejemplar. Tiene mucho que ver con la inspiración: con su capacidad para inspirar a las personas que tiene a su alrededor. Pero más allá de que su comportamiento resulte inspirador, también tiene un componente de acción. Un líder es aquel que motiva, que lleva a la gente a la acción para conseguir un objetivo concreto.

Es muy importante la integridad y la honestidad que transmitas. No esperes motivar a una persona o a un colectivo si tú mismo no predicas con el ejemplo. Porque si no tienes un comportamiento ejemplar, al final pierdes toda la credibilidad, y esto es lo peor que te puede pasar. Es fundamental que tus acciones vayan alineadas con tus valores, tus palabras, etc. Tiene que existir siempre una armonía, una consonancia, una constancia, dentro de lo que transmitas o quieras transmitir.

Siempre he procurado tratar a la gente de la misma manera que me gusta que me traten a mí. Intento ser una persona cercana, como me han educado, muy respetuosa, agradecida, humilde, y me gusta ser amable con la gente, incluso cuando las circunstancias no hayan sido las más favorables. Y esto es algo que suele chocar. Algunos se sorprenden de que me pare a firmar autógrafos, a hablar cinco minutos con seguidores que se me acercan, a hacerme fotos con ellos. Pero la gente agradece mucho que tengas este trato. Me siento un gran privilegiado, primero porque hago lo que me gusta, y segundo por el reconocimiento y la admiración que recibo.

Ser fiel a tus valores y a tu manera de ser es importante cuando vives en la burbuja del éxito, porque la fama te da muchas cosas que son efímeras, volátiles. Es absurdo creer que eres mejor que los demás porque seas una persona que goza de fama.

Cuando otros reconocen en ti cualidades positivas e inspiradoras, te convierten en un ejemplo a seguir. Entonces se mirará con lupa cualquier decisión que tomes o cualquier iniciativa que lleves a cabo. Y más ahora con las redes sociales, con las que estamos mucho más expuestos. Lógicamente, esto comporta una responsabilidad que no puedes obviar, sobre todo cuando estás en el punto de mira de los medios de comunicación.

Creo que lo importante es ser coherente y fiel a tus principios. Uno se convierte en ejemplo de forma natural, a veces sin que te des cuenta. Tu forma de ser, tus acciones, tu estilo… te convierten en alguien reconocido, admirado y seguido por los demás. La clave radica en no traicionar tus valores, en ser coherente y tener muy presente quién eres y cómo has llegado a donde estás. Clayton M. Christensen explica en *How Will You Measure Your Life?* que no hay que traicionar tus principios ni una sola vez. «Es más fácil ser fiel a tus principios el 100 % de las veces que el 99 % de las veces», afirma.

Por lo que a mí respecta, más allá de ser más o menos bueno como jugador profesional de baloncesto, lo que cuenta realmente son los valores que transmites. Con mis acciones, mis comportamientos, mis palabras… intento ser un modelo más allá de mi ámbito. Un referente de ética personal y profesional, de proximidad, respeto, dedicación, compromiso y sacrificio con mi profesión. Es lo que intento hacer más allá del deporte, con UNICEF o con mi colaboración con los hospitales de cáncer infantil. Intento aprovechar mi éxito para ayudar a los más desfavorecidos, a las personas que sufren más y tienen más dificultades. Y con el mismo espíritu de inspirar con el ejemplo, en los programas que desarrollamos en la Gasol Foundation intentamos empoderar a los adultos para que sean un modelo para los niños en el seno de las familias.

Los verdaderos referentes consiguen inspirar a las personas más allá de su ámbito por los valores que representan. Todos tenemos referentes a nuestro alrededor, tanto a pequeña como a gran escala. Por ejemplo, Kobe Bryant ha sido alguien que ha ejercido una gran influencia en mi carrera. Y él ha aprendido de los mejores. En su taquilla del vestuario tenía pósteres de Leo Messi, de Tiger Woods, de Michael Jordan. En el caso de Jordan, Kobe trabajó mucho para seguir los pasos de su ídolo, sus gestos, incluso con el objetivo de poder superarlo algún día. Existen tiros de Kobe que son copias perfectas de los de Jordan. Fotocopias de la perfección, de la obsesión por la perfección y del trabajo constante. No he conocido a nadie que trabaje tanto como Kobe.

22

Compartir tu visión
(*Tell your vision*)

«Un buen líder lleva a las personas a donde quieren ir. Un gran líder las lleva a donde no necesariamente quieren ir, pero deben estar», decía Rosalynn Carter, esposa del expresidente Jimmy Carter.

Todo líder debe tener muy clara la visión, el foco, lo que pretende conseguir a través de sus acciones. «Visión» proviene del latín (*visio*), que significa «ver» o «acción de ver». Se refiere al objetivo que uno se plantea a largo plazo, cómo espera que sea su futuro, su expectativa ideal.

La visión debe ser realista y ambiciosa. Su función es guiar y motivar al equipo para continuar con el trabajo en la dirección correcta. La visión nace del líder pero, por muy clara que tenga cuál es la meta a largo plazo, tiene que contar con el apoyo y la complicidad del grupo para garantizar su consecución. Por eso es fundamental que esta visión incluya las inquietudes del equipo y que cada uno de sus componentes se sienta parte de la misma.

Para que el equipo comprenda y asimile la visión, es importante que el líder sepa comunicarla y haga partícipes a todos los jugadores.

Pero una visión sin estrategia se puede quedar en una simple declaración de intenciones. Un líder debe marcar el camino a seguir, es decir, definir los pasos que permitirán a su equipo lograr el objetivo marcado. Para ello ha de tener en cuenta los puntos fuertes y débiles de su equipo y sacar lo mejor de cada uno de sus componentes.

Otra cosa que debe hacer es identificar las metas a corto plazo para orientar el trabajo diario. Además, es un buen mecanismo para detectar desviaciones a tiempo. Pero también hay que contar con lo imprevisible, y para eso se necesita flexibilidad. Poder cambiar los planes sin perder la idea, hacer los cambios necesarios y apostar por una estrategia sin traicionar el objetivo final.

En muchos equipos de baloncesto, cuando los jugadores se reúnen antes de un partido lanzan un grito que normalmente coincide con el objetivo que se han propuesto. En los Lakers, para no olvidar nunca nuestra visión, nuestro objetivo final, juntábamos las manos, hacíamos piña y gritábamos: «Ring!» (anillo). Era un lema que el equipo tenía presente cada día, antes del entrenamiento, después del entrenamiento, antes de que empezara el partido, en los tiempos muertos… De esa forma nunca olvidábamos que nuestro objetivo era conseguir el anillo.

Es importante tener estos recordatorios continuos en forma de grito o de mensaje, o de nota en la oficina, o en la nevera de casa. Te sirven para acordarte de cuáles son tus objetivos, qué estás haciendo y por qué lo haces. Estos recordatorios hacen que te centres en el objetivo y te pongas a trabajar dejando a un lado lo demás.

Son mensajes que siempre están presentes en equipos diferenciales, que tienen una visión muy clara y un objetivo muy marcado. En la selección, por ejemplo, el grito que teníamos a los dieciséis o diecisiete años era «¡Muro!», porque nuestra defensa tenía que ser un muro compacto, impenetrable, y sabíamos que si éramos un muro podíamos ganarlo todo. Nos ha acompañado de principio a fin, hasta el día de hoy. «¡Muro!» ha sido nuestro grito de siempre. En los Spurs nuestro grito es «¡Cuarenta y ocho!», que son los minutos que tiene un partido, jugar los cuarenta y ocho minutos, desde el primer segundo hasta el último, dar el máximo durante todo el partido. Estas exclamaciones son constantes porque a veces la mente o el cuerpo nos desvía de nuestro objetivo.

Muchos psicólogos deportivos hablan de «la estrella del norte»: hay que ver la estrella, tu meta, muy clara para llegar a ella. Estos recordatorios te ayudan a mantenerte centrado, a tener las cosas claras, a focalizarte al cien por cien en tu objetivo o en el de tu equipo.

EPÍLOGO

Empoderar a las personas

(Empower, be a mentor)

Todas las claves del modelo SMART de liderazgo comparten un objetivo común, una meta superior: el empoderamiento de las personas. No se trata de ser un buen líder sino también de ser capaz de inspirar a los demás para que surjan nuevos liderazgos, de acompañar en su camino a los líderes del futuro.

«Los líderes no crean seguidores, crean más líderes», dice el escritor estadounidense Tom Peters, especialista en prácticas de gestión empresarial. Es decir, no solo quieres que la gente te siga, sino crear líderes a tu alrededor, para que en los momentos en los que no estés presente, estas personas también puedan dar un paso adelante, liderar a su manera y tomar decisiones importantes referentes al funcionamiento o el éxito del equipo o a su propia vida. Es importante transmitir a tus compañeros que no solo tienen que seguirte, sino que deben aprender a liderar, absorber tu conocimiento.

A veces, el mayor miedo de algunos líderes es perder su posición de liderazgo. En estos casos se limitan a rodearse de seguidores que alaban sus proezas y son incapaces de transmitir sus conocimientos al resto. Su excesivo ego les impide ir más allá y ver en los demás una oportunidad de sucesión.

Debemos entender que el liderazgo no es algo eterno, sino que detrás de nosotros vienen nuevas generaciones con las capacidades y habilidades necesarias para convertirse en futuros referentes. Ley de vida. La prueba de que un líder es eficaz es su capacidad para formar a esas personas que serán clave para garantizar el presente y el futuro de ese colectivo o entidad.

En el presente, el desarrollo de otros líderes genera un efecto multiplicador sobre los resultados. No es incompatible que convivan distintos líderes dentro de un equipo o una organización. Si cada uno de ellos da lo mejor de sí mismo, siempre se obtienen mejores resultados.

En el futuro, la sucesión o legado representa el valor duradero de un líder. Toda la sabiduría o los conocimientos que adquiere un líder a lo largo de su trayectoria es un activo de gran valor para garantizar la continuidad del proyecto. El líder es alguien que sabe compartir, de manera altruista, todo lo que ha aprendido para que los nuevos talentos puedan aprovecharlo y convertirse en referentes en el futuro.

En el ámbito empresarial, una compañía que invierte en el desarrollo de líderes en distintos niveles de la organización tiene más probabilidades de éxito a corto y largo plazo, porque cuenta con un activo humano capaz de dirigir los procesos de cambio y la innovación dentro de la empresa. Uno de los factores más importantes es garantizar el recambio generacional: el líder o el presidente de la compañía debe ser capaz de transmitir conocimiento y entender que en algún momento, tarde o temprano, no estará en lo más alto por las razones que sean, y que el éxito o incluso la supervivencia de la empresa dependerá de su capacidad para transmitir su sabiduría. Este es un factor clave. Cuando una empresa ha tenido mucho éxito durante un período de tiempo y tras un cambio en la dirección general empieza a perder notoriedad, en parte se debe a que la persona que ya no está no ha sido capaz de transmitir los valores ni enseñar a las personas que tenía por debajo para dar continuidad al proyecto y garantizar su crecimiento.

En cambio, Steve Jobs, por ejemplo, sí supo transmitir en Apple su legado a sus sucesores. Jobs transfirió su conocimiento a su equipo. Antes de morir, en octubre de 2011, se despidió de sus empleados y sus seguidores con una carta en la que aseguraba que los mejores días de Apple aún estaban por llegar. Después de su muerte, la empresa ha sabido mantenerse como una de las más potentes del mundo. Este es un caso interesante de éxito empresarial, de cómo han sido capaces de dar continuidad al proyecto y formar un equipo que ha hecho que la marca siga creciendo, y de cómo han conservado el espíritu de innovación y creatividad gracias a los mensajes que dejó Jobs a la empresa y que definen su identidad.

Empoderar significa dotar a un grupo humano de una serie de conocimientos y herramientas para que puedan tomar decisiones de forma autónoma y asumir responsabilidades.

Los verdaderos líderes comparten poder y saben delegar responsabilidades. Empoderan a la gente que tienen a su alrededor y les guían durante el proceso de aprendizaje. Tienen una visión y unos valores compartidos para que todas las personas de su equipo remen en la misma dirección. Reconocen sus éxitos y les acompañan en el fracaso de forma constructiva. Tienen un papel de docente clave para que las personas puedan desarrollarse.

El empoderamiento tiene dos vertientes: la formación y la acción. Por un lado, implica que las personas dispongan de conocimientos suficientes y, por otro, que sepan cómo desenvolverse adecuadamente en el entorno en el que viven.

Tradicionalmente se ha asumido que la educación, entendida de forma magistral, era suficiente para preparar a los chicos y chicas para afrontar su futuro. Pero está claro que necesitamos cambiar nuestra visión y potenciar la difusión de conocimiento a través de una vertiente más práctica. Existen varias iniciativas que ya están trabajando en este sentido. La formación profesional (FP) dual, por ejemplo, pretende establecer un equilibrio entre la formación teórica y la práctica para que los alumnos asimilen los conceptos aprendidos en contextos reales. Se trata de acercar a los jóvenes a las empresas para que la transición del entorno educativo al laboral sea lo más natural posible.

Otra iniciativa en la que colaboro es el proyecto Dream Big Challenge. El 30 de noviembre de 2017, siete mil chicos y chicas y mil facilitadores se reunieron en el Palau Sant Jordi de Barcelona para aportar soluciones innovadoras y creativas a problemas reales de empresas en el primer Dream Big Challenge, el primero de muchos. Durante tres horas, y siguiendo una metodología basada en el *design thinking* y el *design doing*, los chicos y chicas tuvieron que dar respuesta a las distintas fases que contempla todo proyecto empresarial: detección del problema, identificación del público objetivo, propuesta de idea y desarrollo del modelo de empresa. Los problemas a abordar eran de todo tipo: desde cómo añadir un componente lúdico a las piscinas privadas, hasta cómo mejorar el diagnóstico de las enfermedades infecciosas, pasando por la aplicación de las nuevas tecnologías en la práctica deportiva. Las ideas y las distintas perspectivas de los participantes que surgieron durante el evento fueron realmente fascinantes. Al final, tan solo uno de los grupos consiguió el premio, pero todos demostraron su capacidad para crear e imaginar el futuro.

Esta es una de las iniciativas en las que estoy colaborando junto a Marc Bonavia y Xavier Verdaguer, con el objetivo de contribuir al empoderamiento de los jóvenes para que puedan lograr su máximo potencial. En este caso, lo hacemos en un entorno que facilite el desarrollo del espíritu emprendedor entre las nuevas generaciones y que les permita pensar en grande dando respuesta a los retos de empresas reales. En la Gasol Foundation también trabajamos en esta dirección: tratamos de empoderar a los niños y niñas y a los padres para que sean conscientes de cómo pueden crear un entorno saludable. Muchos de los programas de la fundación están pensados para concienciar a familias acerca de la problemática de la obesidad infantil, y que los padres y los niños asimilen una serie de conocimientos que les permitirán tomar decisiones para llevar un estilo de vida saludable. Cambiar hábitos más que dar píldoras. Impacto sostenible y prolongado en vez de acciones puntuales sin recorrido. Cuando trabajas en este tipo de proyectos es cuando realmente consigues un auténtico impacto en el cambio de la sociedad.

Con esa misma voluntad he querido compartir con vosotros a lo largo de las páginas de este libro algunas reflexiones y experiencias que me han hecho crecer como deportista y me han convertido en la persona que soy hoy. Con la convicción de que cada día tenemos la posibilidad de demostrar lo que valemos, espero que estas claves del liderazgo SMART sirvan de inspiración a los líderes de hoy, y también a todas aquellas personas que aspiran a serlo para construir el mañana en el que quieren vivir. Y confío en que, al igual que a mí a lo largo de mi carrera, os sean de utilidad en vuestro viaje y os ayuden a desplegar una actitud en la vida profesional y personal que os permita desarrollar vuestro talento de manera apasionada. Y alcanzar vuestros sueños…

megustaleer

Descubre tu próxima lectura

Apúntate y recibirás recomendaciones de lecturas personalizadas.

www.megustaleer.club

 megustaleerES

 @megustaleer

 @megustaleer